제임스 패커의 기독교 기본 진리

십계명

일러두기
'제임스 패커의 기독교 기본 진리' 시리즈의 원제는 「*Growing in Christ*」이다. 원서는 총 4부로 구성되어 있지만 독자의 편의와 활용을 위해 네 권으로 분권하였다.

Growing in Christ
Copyright ⓒ 1994 by J. I. Packer

Published by Crossway
a publishing ministry of Good News Publishers Wheaton, Illinois 60187, U.S.A.
This Korean edition is published by arrangement with Crossway Books through rMaeng2, Seoul, Korea.
Korean Copyright ⓒ 2012 by Abba Book House, Seoul, Korea.
All rights reserved.

이 책의 한국어판 저작권은 알맹2 에이전시를 통하여 Crossway Books와 독점 계약한 아바서원에 있습니다. 신 저작권법에 따라 한국 내에서 보호를 받는 저작물이므로 무단 전재와 복제를 금합니다.

제임스 패커의 기독교 기본 진리
십계명

제임스 패커 지음 | 김진웅 옮김

아바서원

차례

머리말 6

들어가는 말 14

1장 · 하나님이 이 모든 말씀으로 ··· 19
2장 · 나는 너를 ··· 25
3장 · 나를 사랑하고 내 계명을 지키는 자 ··· 31
4장 · 네 하나님 여호와 ··· 37
5장 · 너는 나 외에는 ··· 43
6장 · 우상을 만들지 말고 ··· 49
7장 · 여호와의 이름을 망령되게 부르지 말라 ··· 55
8장 · 안식일을 기억하여 ··· 61

9장 · 네 부모를 공경하라	··· 67
10장 · 살인하지 말라	··· 73
11장 · 간음하지 말라	··· 79
12장 · 도둑질하지 말라	··· 85
13장 · 거짓 증거하지 말라	··· 91
14장 · 네 이웃의 소유를 탐내지 말라	··· 97
15장 · 율법이 주는 교훈	··· 105
16장 · 십계명의 사회적 기능	··· 113

머리말

내가 이 책을 쓰게 된 동기는 성경공부 모임에, 또는 그런 모임에 참여할 수 없어서 혼자 공부하는 사람들에게 필요한 자료를 제공하기 위해서다. 그런 견지에서 이 책은 숱한 성경공부 모임에 사용되고 있는 나의 책「하나님을 아는 지식」(*Knowing God*, IVP 역간)과 짝을 이룬다. 이 책은 기독교의 가르침 가운데 항상 중심이 되는 세 가지 신조(信條)인 사도신경, 주기도문, 십계명 그리고 세례에 대한 내용으로 구성되었다. 각 부분은 마음만 먹으면 단숨에 소화해낼 수 있을 만큼 짧고 간략한 여러 소제목으로 이루어져 있고, 좀 더 심도 있는 학습을 위해 각 장마다 '스터디 가이드'를 실었다.

사도신경, 주기도문, 십계명, 이 세 가지 신조는 각각 기독교 신앙의 내용, 하나님과의 교제(기도), 행동의 규범을 다룬다. 세례는 하나님의 언약, 그리스도인의 회심(回心)과 약속, 교회생활에 대한 것으로, 논리적 전개 순서에 따라 2부 ('제임스 패커의 기독교 기본 진리' 시리즈 「세례와 회심」편을 말한다-옮긴이)에서 다루었다. 세례 때 받아들이는 신앙의 내용이 먼저 나온 다음 세례에 대해 다루고, 뒤이어 제자의 삶을 보여주는 기도(주기도문)와 순종(십계명)에 대한 고찰이 이어져야 논리적일 것 같아서다.

나는 이 책이 역사적 신앙을 견지(堅持)하는 모든 교회에서 사용되기 바란다. 이런 바람에서 나는 C. S. 루이스가 (리처드 백스터에게서 빌려온 개념인) '순전한 기독교'(Mere Christianity)라고 부른 문제에 국한하여 다루었다. 따라서 나는 로마 가톨릭교회가 사도신경과 복음을 역사적으로 오해한 대목(현대의 많은 로마 가톨릭 신학자들이 이를 극복하려고 애쓰고 있다)을 꼭 지적해야 할 경우를 제외하고는 믿음의 본질에 초점을 맞추려고 노력했다.

압축적이면서 암시적인 방법으로 쓴 각 과의 제목은 당신의 의견과 생각을 유도하는 것에 지나지 않는다. 그러므로 각 주제를 완벽히 소화하려면 '스터디 가이드'에서 제시한 질문과 성경본문을 더욱 심도 있게 연구하기 바란다.

오늘날에는 '교리문답'(catechism, 요리문답)이라는 용어만 들으면 마음이 편치 않은 그리스도인들이 많은데 그럴 필요는 없다. '교리문답'(catechism)이라는 단어는 "들려주어 가르치다"라는 뜻의 헬라어 '카테케오'(*katecheo*)에서 유래한 말일 뿐이다. 영어 'catechism'(문답식 가르침, 교리문답), 'catechumen'(가르침 받는 사람, 또는 세례지원자), 'catechumenate'(체계화한 가르침), 'catechize'(오늘날에는 문답식 교수법만을 가리키지만, 원래는 "가르치다"라는 뜻의 동사)라는 단어가 모두 이 헬라어에서 유래했다. 사도행전 8장에 보면 빌립이 에티오피아 내시를 가르치는 장면이 나오는데, 그 과정이 바로 문답이다.

기독교는 누구에게든 본능적이지도 않으며, 아무 노력 없이 우연히 선택할 수 있는 신앙이 아니다. 기독교는 배워야 하며 따라서 가르침이 필요하다. 그러므로 교회생활 가운데 '체계적인 가르침'(catechumenate)이 반드시 필요하다.

초대교회 시대에는 기독교에 대해 질문하고, 회심하는 사람들이 끊이지 않았다. 그리고 그들의 수준에 맞춰 문답을 해주는 것이 교육의 한 방식이었다. 종교개혁가들은 기독교에 무지한 기독교 국가를 부흥시키기 위해 어린이들을 위한 체계적인 가르침에 집중했다. 1529년 루터가 '어린이 교리문답'을 발표한 이래 한 세기 반 동안, 문자 그대로 수백 개의 교리문답이 쏟아져 나왔다. 대체로 청소년들을 위한 것이었고 그 가운데 일부는 교회의 공식적인 문건이며, 일부는 목회자 개인이 사적으로 쓴 것이었다.

특히 영국국교회(성공회) 기도서 교리문답, 하이델베르크 교리문답, 웨스트민스터 소요리문답이 가장 유명하다.

오늘날 대부분의 개신교 신자들은 교리문답과 문답식 교육을 오직 자녀양육과 관련해서만 생각하고, 성인을 대상으로 쓴 C. S. 루이스의 「순전한 기독교」(Mere Christianity, 홍성사 역간), 빌리 그레이엄의 「하나님과의 평화」(Peace with God, 생명의말씀사 역간), 존 스토트의 「기독교의 기본 진리」(Basic Christianity, 생명의말씀사 역간), G. K. 체스터턴의 「정통」(Orthodoxy, 상상북스 역간)와 같은 책들은 교리문답서가 아니라고 생각한다. 그러나 이 책들은 교회 밖 사람들에게는 기독교 가르침을 소개하고, 교회 안 사람들에게는 신앙의 기초를 확립해준다는 면에서 교리문답서라는 표현이 가장 알맞다.

오늘날 성인들에게 체계적인 기독교교육(문답식 교육)을 부활시키는 일이 절실히 필요하다. 그러나 꼭 교리문답이라고 부를 필요도 없고, 미리 짜 맞춘 형식의 글을 엄격하게 반복 학습하는 형태를 취할 필요도 없다. 오랫동안 개신교도는 자녀에게 교리문답을 가르쳤다. 그런데 어떻게 된 일인지 기독교의 본질을 잘 모르는 사람들이 교회 안팎에 너무나 많다. 그러므로 교회는 이런 사람들에게 기독교의 본질을 탐구할 기회를 주어야 한다. 설교가 그들에게 도움이 되면 좋겠지만 그렇지 않은 경우도 종종 있다. 일반적으로 설교는 설교하는 사람과 듣는 사람 모두 신앙의 근본적인 사항을 확신한다는 전제하에 이루어진다. 만일 이런 확신이 없을 때, 그 사람은 설교를 자신과 동떨어진 것이나 심지어 거슬리는 것으로 느낀다. 그러므로 기독교의 지적 근간을 조사하고, 질문하며, 검토하기에 가장 좋은 환경은 강단 앞이 아니라, 교리문답으로 체계적인 교육을 받는 것이다. 적어도 기독교 역사가 이 점을 시사한다.

현대의 교육 이론은 개인의 탐구, 발견, 집단 토론을 중시한다. 교회의 성인교육이라고 해서 이런 방법을 취하면 안 될 이유는 전혀 없다. 이는 참으로 좋은 방법이다. 기독교는 일정한 내용과 불변의 사항을 지니는 것이지 토론에 의해 계속 재창출되는 무한변수 X가 아니라는 사실을 기억한다면 말이다.

C. H. 스펴전이 한 이야기 가운데 이런 일화가 있다. 한 아일랜드인이 분리파 교회의 집회에서 어떤 깨달음을 얻었냐는 질문을 받았다. 이때, "아, 그것은 멋진 일이었습니다. 우리 가운데 뭐라도 아는 사람이 아무도 없었습니다. 그저 우리 모두 서로에게 배운 셈이지요"라고 분별없이 한 말은 우리에게 시사해주는 바가 크다. 자칭 기독교 모임에서 공공연히 기독교의 근본을 공부

하고 있다고는 하지만, 이 이야기에서 나타난 바와 같이 겉모양만 기독교일 뿐, 기독교의 근본 내용이 없는 경우를 볼 수 있다. 그러나 기독교의 근본을 소개하는 성경공부 모임에서는(이런 모임을 해마다 쉬지 않고 운영하는 교회들도 있다) 참되며, 반드시 필요한 교리교육, 즉 기독교의 본질을 체계적으로 정리한 내용을 가르치고 있다. 이런 성경공부를 도입함으로써 유익을 얻지 못할 교회는 없으리라고 생각한다.

이 책이 기독교 신앙의 본질을 더욱 깊이 이해하고, 우리 주(Lord)와 구주(Savior)가 되시는 예수 그리스도 안에서 성장하는 데 작은 도움이나마 되었으면 하는 바람이다.

제임스 패커

십계명

하나님이 이 모든 말씀으로 말씀하여 이르시되
나는 너를 애굽 땅, 종 되었던 집에서 인도하여 낸
네 하나님 여호와니라
너는 나 외에는 다른 신들을 네게 두지 말라
너를 위하여 새긴 우상을 만들지 말고 또 위로 하늘에 있는 것이나
아래로 땅에 있는 것이나 땅 아래 물 속에 있는 것의
어떤 형상도 만들지 말며
그것들에게 절하지 말며 그것들을 섬기지 말라
나 네 하나님 여호와는 질투하는 하나님인즉 나를 미워하는 자의
죄를 갚되 아버지로부터 아들에게로 삼사 대까지 이르게 하거니와
나를 사랑하고 내 계명을 지키는 자에게는 천 대까지
은혜를 베푸느니라
너는 네 하나님 여호와의 이름을 망령되게 부르지 말라
여호와는 그의 이름을 망령되게 부르는 자를 죄 없다 하지 아니하리라
안식일을 기억하여 거룩하게 지키라

엿새 동안은 힘써 네 모든 일을 행할 것이나

일곱째 날은 네 하나님 여호와의 안식일인즉 너나 네 아들이나

네 딸이나 네 남종이나 네 여종이나 네 가축이나

네 문안에 머무는 객이라도 아무 일도 하지 말라

이는 엿새 동안에 나 여호와가 하늘과 땅과 바다와

그 가운데 모든 것을 만들고 일곱째 날에 쉬었음이라

그러므로 나 여호와가 안식일을 복되게 하여

그날을 거룩하게 하였느니라

네 부모를 공경하라

그리하면 네 하나님 여호와가 네게 준 땅에서 네 생명이 길리라

살인하지 말라

간음하지 말라

도둑질하지 말라

네 이웃에 대하여 거짓 증거하지 말라

네 이웃의 집을 탐내지 말라

네 이웃의 아내나 그의 남종이나 그의 여종이나 그의 소나

그의 나귀나 무릇 네 이웃의 소유를 탐내지 말라

- 출애굽기 20:1-17

들어가는 말

자동차는 복잡한 장치이다. 수천 개의 부속품으로 이루어져 있어서 고장 나기 쉽다. 그러나 제작사의 설명서를 읽으면 최소한의 수고를 들이고서도 자동차를 만족스럽게 조작할 수 있다. 따라서 당신이 차를 잘못 다뤄서 고장이 났을 경우, 그것에 대한 주의를 듣지 못했다고 항의할 수 없다. 차가 고장 났을 때 역시 제작사에서 제공한 수리 설명서에 따라 고칠 수 있다. 하지만 당신이 그 지시를 따르지 않으면 어려움을 면할 수 없을 것이다.

자동차 얘기를 한 것은 우리를 자동차에 빗대어 설명하기 위해서다. 우리 또한 훌륭하게 만들어졌다. 우리의 육체는 복잡하지만 마음과 영혼은 훨씬 더 복잡하다. 우리에게도 창조자의 사용설명서, 즉 어떻게 살아가야 하는지 그 방법을 요약한 설명서가 있다. 그 설명서가 바로 '십계명'이다. 우리가 한 인간으로서 성장하고 번성할지 아니면 주눅 들고 볼품없어질지, 우리 인격이 하나님을 닮을지 아니면 마귀를 닮을지는 우리가 십계명에 따라 살려고 하느냐 마느냐에 달렸다. 그 외 성경의 나머지 부분은 은혜의 복음을 자세히 설명하고 있다. 이 복음은 죄에 의해 손상된 인간의 본성을 복구하는 것이기 때문에, 하나님의 수리설명서라고 부를 수 있다. 그러나 만족스러운 삶으로 이끄는 기본적인 행동방식은 십계명에 나와 있다. 하나님이 은혜로 우리를 구하고 변화시키시는 이유도 바로 이렇게 살도록 하기 위해서다.

어떤 사람이 "나는 십계명을 진지하게 대하고 그 계명대로 살려고 애쓰는데, 꼭 그것을 어기고 말아! 매일 무언가 어기게 돼. 어떻게 해야 하지?"라고 말했다고 가정하자. 이 질문에 대한 답은 이렇다. 당신은 자신의 연약함과 죄의 본성을 안다. 그러니 하나님과 하나님의 아들 예수 그리스도께 용서와 능력을 구하라. 그리스도는 당신을 새로운 삶으로 인도하실 것이다. 새 삶을 살게 된 당신의 마음은 하나님의 길로 나아가기를 무척이나 갈망할 것이며, 순종은 더 이상 당신에게 짐이 되지 않을 것이다. 계명을 행동규범으로 삼는 사람들은 구주 그리스도께서 자신의 통치자이심을 깨닫는다. 이렇게 되기 위해 기도하고 수고하는 것은 의미 있는 일이다.

하나님이 우리에게 율법을 주신 것은, 복음을 주신 것과 마찬

가지로 우리를 사랑하시기 때문이었다. 구주 예수 그리스도를 알려주는 복음을 통하지 않고는 우리가 영적인 삶을 살 수 없는 것 같이, 그리스도의 능력 안에서 율법을 지키고, 율법이 요구하는 하나님과 이웃에 대한 사랑을 실천하려고 노력하지 않는다면 우리는 영적으로 건강할 수 없다.

많은 사람들이 다음과 같이 말하기 시작했다고 가정해 보자. "하나님의 도우심으로 지금부터 나는 날마다 십계명을 따라 살겠습니다. 하나님을 경외하고 하나님께 순종하겠습니다. 하나님이 말씀하신 모든 것에 주의를 기울이겠습니다. 매주 예배를 드리기 위해 교회에 나가겠습니다. 간음하지 않을 것이며, 정욕에 사로잡히지도 다른 사람의 정욕을 자극하지도 않겠습니다. 도둑질하지 않을 것이며, 정직한 길에서 벗어나지도 않겠습니다. 거짓말하거나 속이지 않겠습니다. 시기하거나 남의 것을 탐내지 않겠습니다." 이렇게 되면 공동체의 삶이 변화될 것이고, 국가의 엄청난 문제가 하룻밤 사이에 해결될 것이다. 우리는 이를 위해 더욱 기도하고 수고해야 할 것이다.

모든 교회와 교인이 하나님을 향한 열정으로, 개인의 성화를 향한 열정으로, 국가의 정의를 향한 열정으로 타오른다고 가정해보자. 그것이 바로 부흥이 아니겠는가! 부흥은 하나님이 교회 공동체를 방문하신 결과이다. 부흥이 가져오는 도덕적인 힘은 비할 데가 없다. 하나님이 교회에 활기를 불어넣으시면, 정화하는 힘이 넘쳐흘러 무엇과도 비교할 수 없는 방식으로 사회의 도덕적 분위기를 일신한다. 우리에게 부흥이 필요하다는 것은 의심의 여지가 없다. 부흥을 위해 기도해야 한다는 것 역시 의심의 여지가 없다.

율법의 도덕적 절대성이 존중되지 않으면, 사람들은 자신이나 상대를 존중하지 않으며, 인간성은 비뚤어지고 서로 착취하며 스스로 방종의 길로 치닫는 타락한 사회가 되고 만다. 21세기를 사는 우리는 이런 도덕적 질병에 대해 잘 안다. 이런 질병이 치료되면 이 사회가 어떤 모습으로 변할지 한번 생각해볼 만하지 않은가? 지금 당신 눈앞에 펼쳐질 아름다운 미래를 상상해보라.

1장 하나님이 이 모든 말씀으로

삶은 하나님과 사람, 사물과의 관계를 의미한다. 관계를 바로 맺는다면 기쁜 일이지만, 그렇지 않다면 삶은 짐이 된다. 삶을 사랑하는 것은 자연스러운 일이며, 삶을 끝내고 싶어하는 것은 자연을 거스르는 일이다. 그러나 기독교가 처음 태동했을 때 그랬듯이, 오늘날에도 많은 사람이 삶을 무의미하고 비참한 것으로 경험하면서 심각하게 자살을 고려한다. 무엇이 잘못된 것일까? 아마 관계가 잘못되었을 것이다. 우울증은 신체적인 원인이 있으며 따라서 의학적 치료가 뒤따라야 하지만, 보통 손상된 관계가 그 원인이거나 최소한 원인의 일부분이 되기도 한다. 따라서 완벽한 치료를 원한다면 관계를 바로잡아야 한다.

관계를 바로잡으려면 어떻게 해야 할까? 사회운동가들은 의미 있는 인간관계를 맺지 못할 경우 사람이 황폐해진다는 것을 잘 안다. 그래서 그들은 이런 점에 도움을 주기 위해 주력한다. 그러나 그것만으로는 온전한 치료가 되지 않는다. 참기쁨은 하나님과의 의미 있는 관계를 통해서만 얻을 수 있다. 하나님의 사랑을 느끼고 그리스도를 따를 때만 누릴 수 있다. 이것이 진정한 'dolce vita', 즉 참으로 달콤하고 좋은 삶이다.

잊혀진 지혜

인생의 청사진이 십계명에 나타나 있다. 하나님은 이 십계명을 기원전 약 13세기에 시내산에서 모세를 통해 유대인에게 주셨다. 과거 그들은 십계명을 '분명한 윤리 안내서'(윌리엄 바클레이의 십계명 강해 제목)로 생각했다. 그런 생각은 옳았다. 오늘의 세계는, 심지어 오늘의 교회는 대체로 십계명을 잊었다(당신은 십계명을 암기할 수 있는가?). 그것은 어리석은 일이자 대단한 손실이다. 우리에게 필요한 지혜가 여기에 덩어리째 들어 있기 때문이다.

성경은 하나님의 십계명을 '율법'이라고 부른다. 그래서 우리는 십계명이, 공공의 질서를 위해 개인의 자유를 제한하는 세상의 법률과 비슷하다고 생각한다. 그러나 이렇게 비교하는 것은 옳지 않다. 토라('율법'에 해당하는 히브리어)는 선한 부모가 자녀에게 주는 일종의 교훈을 뜻한다. 잠언 1장 8절과 6장 20절은 실제로 '토라'를 부모의 가르침을 가리키는 말로 사용한다.

지혜자가 아들에게 주는 잠언 1장 8절부터 8장 36절의 말씀을, 하늘에 계신 우리 아버지께서 우리에게 하시는 말씀이라고 생각해 보라(아우구스티누스가 "성경의 말씀은 하나님이 하시는 말씀이다"라고 표현했듯이…). 그러면 율법의 본질과 목적에 대해 바른 생각을 갖게 될 것이다. 율법은 우리를 훼방하는(자녀들은 규율과 훈련을 싫어하기 때문에 때로는 그렇게 느낄 때가 있다!) 것이 아니며 가장 좋은 길로 우리를 인도한다. 하나님 아버지의 율법은 그분의 사랑을 나타낸다.

그리스도인에게 부차적인 요소인가?

어떤 사람은 구약을 읽는 일이 더듬어 추측해보는 것이라면 신약은 그런 추측을 일소하는 것이라고 말한다. 물론 하나님은 "옛날에는 예언자들을 통하여…"(새번역, 히 1:1) 말씀하셨다. 그 가운데 가장 큰 예언자(선지자)는 모세였다(신 34:10-12을 보라). 모세를 통해 주신 하나님의 계명은 삶의 도덕적·영적 표준을 세웠다. 이 표준은 폐기되지 않으며 영원한 하나님의 권위를 지닌다. 예수의 두 가지 사랑의 계명은 십계명을 요약한 것이며, 십계명은 하나님이 모세에게 가르치신 모세오경의 요약임을 주목하라. 예수의 사랑의 계명 가운데 "네 하나님을 사랑하라"는 신명기 6장 5절에 있으며, "네 이웃을 사랑하라"는 레위기 19장 18절에 있다.

(구약의 은혜의 계시와는 구별되는) 구약의 도덕적 가르침이, 우리 시대의 인습적 기준에는 말할 것도 없고, 신약의 도덕적 가르침과 비교해 보아도 뒤떨어지지 않는다는 것은 너무나 분명한 사실이다. 현대의 세속사회는 율법에 어긋난 섹스, 폭력, 착취, 야비한 기업 운영 방식, 계층간 투쟁, 가족 간의 불화 등을 용인했다. 그러나 우리가 원시적이라고 추측하는 구약과 3천 년이나 된 십계명이 바로 이런 상황을 막는 방파제 역할을 감당할 수 있다.

당신은 이렇게 말할지도 모르겠다. "그렇게 말하는 것은 구약을 그리스도보다 위에 두는 것이 아닙니까? 그것이 옳습니까? 그리스도보다 1,300년이나 오래된 가르침이니 그리스도의 가르침보다 확실히 뒤떨어지지 않았겠습니까? 십계명은 오로지 '하지 말라'고만 하는 지나치게 부정적인 계율이 아닙니까? 그리스도인의 온전한 기준을 다른 곳에서 찾아야 하지 않을까요?" 올바른 질문이다. 두 가지 답이 있다.

첫째, 그리스도는 율법을 폐하기 위해서가 아니라 완전하게 하기 위해 오셨다고 말씀하셨다(마 5:17). 즉, 하나님이 십계명에서 요구하신 모든 것을 완전하게 하기 위해 오셨다는 말씀이다. 예수께서 폐하신 것은 율법 자체가 아니라 율법에 대한 잘못된 이해였다(마 5:21-48, 15:1-9). 예수는 율법을 바르게 해석해주심으로써, 사실상 율법을 다시 선포하신 것이나 마찬가지이다. 산상수훈 자체가 그리스도가 살았던 배경에서 십계명의 주제를 발전시켰다.

둘째, 십계명의 부정적 형식("…하지 말라")은 긍정적인 암시를 내포하고 있다. "죄가 금지된 곳에는 그 반대의 의무가 있다"(웨스트민스터 대요리문답 99문항). 십계명에는 경건함과 국민의 삶을 위협하지 못하도록 무법함을 경계하는 부정적인 형식이 필요했다. 그러나 거기에는 그리스도가 제시한 적극적인 내용, 즉 모든 것을 다해 하나님을 사랑하고, 이웃을 내 몸과 같이 사랑하라는 내용이 확실히 담겨 있다. 이제 그것을 살펴볼 차례다.

- **그리스도와 율법**: 마태복음 5:17-48, 12:1-14, 15:1-9, 22:34-40
- 새사람의 새로운 삶의 방식: 에베소서 4:17-5:14

- 삶에서 관계란 왜 그토록 중요한가?
- 예수께서 율법을 다시 선포했다고 할 때 그 의미는 무엇인가?
- 율법은 연속적으로 금지를 명하는 형태를 띠고 있다. 그러나 그 내용에는 부정적인 내용이 아닌 긍정적인 내용이 담겨 있다. 이 점을 설명해보라.

2장 나는 너를

삶을 이루는 관계에는 인격적인 관계가 있고 그렇지 않은 관계가 있다. 인격적인 관계는, '나는'이라고 밝히며 말을 건네는 '너'와의 관계다. 인격적이지 않은 관계는 인격이 없는 객체, 즉 '그것'과의 관계다. 예를 들어, 자동차, 집, 오븐, 컴퓨터 등과의 관계는 인격적인 관계가 아니다. 우리가 거기에 아무리 아름다운 이름을 붙인다고 해도 그렇다. 우리는 그런 관계를 편의를 위해, 또는 자신을 표현하는 수단이나 계획을 실행하는 수단으로 이용한다. 그것은 옳은 일이다. 그러나 그런 식으로 사람을 대하는 것은 옳지 않으며 파괴적인 행동이 되기도 한다. 사람은 그런 식으로 대접받는 것을 참지 못하기 때문이다. 사람은 그 자체로 가치가 있으며, 그 자체가 목적이다. 사람은 사람으로 존중해야지, 물건처럼 이용해서는 안 된다.

긍정적인 관계를 맺은 사람끼리는 서로 요구하는 것이 있게 마련이다. 자기 의견을 말하고 또 상대에게 의견을 묻는다. 참으로 인격적인 관계에 있는 사람들은 서로 사랑하고, 공경하고, 아끼며, 서로 반응하는 것을 삶의 원칙으로 한다. 내가 나의 신이며, 그가 곧 그의 신인 이 타락한 세상에는 완전한 인격적 관계란 없다. 심지어 가족과 친구 간에도 없다. 우리는 서로를 이용하고 지독히도 무시한다. "아무도 나를 인간으로 대우하지 않습니다. 내게 깊은 관심을 기울이는 사람이 없습니다." 이것이 우리 시대의 외침이다. 그러나 그것은 인류가 존재한 기간만큼이나 오래된 문제다.

하나님과의 인격적 관계

창조주 하나님과 그리스도인의 관계는 처음부터 끝까지 '나와 너'의 인격적인 관계이다. 그리스도인에게 하나님은 일부 사람들이 생각하는 것처럼, 우주를 움직이는 힘이나 알라딘의 모험에 나오는 램프의 요정 같은 그런 존재, 즉 무한한 '그것'이 아니다. 그리스도인은 하나님과 우리가 서로 사랑하고 섬기는 관계, 서로에게 귀 기울이고 반응하는 관계, 서로 요청하고 주고받고

나누는 관계를 맺기 위해 하나님이 우리를 부르셨다는 것을 안다. 복음서에서 성육신하신 하나님을 보고 들음으로써, 선지자와 사도들을 통해 주신 하나님의 초청과 명령과 약속의 말씀에 주목함으로써, 그리스도인은 이런 사실을 알게 된다. 또 구약이 두 번이나 기록한 십계명(출 20:1-17; 신 5:6-21)에도 이 점이 분명히 드러나 있다.

십계명의 각 조항은 하나님이 사랑하고 구원한 사람들에게 하신 명령이기 때문에 모두 '나와 너'의 관점으로 되어 있다. "나 여호와는 너를 애굽에서 인도해낸 하나님이니… 너는 …을 하라(또는 하지 말라)."

십계명은 인간의 삶을 향한 하나님의 생각을 구체화한 열 가지 명령이며, 하나님의 은혜로 이미 얻은 구속의 관계를 유지하는 수단으로 주신 것이다. 하나님은 시내산의 유대인에게 주신 그대로, 오늘의 그리스도인들에게도 이 십계명을 주신다. 이 명령을 지킨다는 것(하나님에 대한 요구를 만족시키는 것, 1-4계명; 이웃에 대한 요구를 만족시키는 것, 5-10계명)은 하나님을 감동시켜서 우리에게 무언가 베풀어주시도록 하기 위해서가 아니다. 그분의 사랑에 감사하여 인격적으로 반응하기 위해서다.

마치 우리는 유대교도나 이슬람교도, 유니테리언교도가 생각하듯, 우리를 만드신 분이 단일한 분인 것처럼 말하고 있다. 그러나 지금 우리는 성삼위 하나님에 대해 알고 있으며, 성자 하나님이 지상에서 보여주신 성부 하나님과의 사귐에 대해서도 알고 있다. 구원받은 죄인들이 성령을 통해 성부와 성자와 함께 누리는 사귐의 본에 대해서도 잘 알고 있다. 예수께서는 하나님께 순종하셨고 기쁘게 충성하셨으며 온 마음으로 헌신하셨다. 성부와 성자에 대한 우리의 태도도 이와 같아야 한다. (성부, 성자를 대할 때처럼 직접 대하는 방식이 아니라는 점만 빼면 성령에 대한 우리의 태도도 성부, 성자를 대하는 태도와 같아야 한다.) 성삼위 하나님의 각 위격을 대하는 우리의 태도는 성삼위 하나님 사이에 나누는 사랑의 관계를 본으로 삼아야 한다. 하나님 안에 있는 사랑의 관계는 지금까지 인간이 알고 있었던 그 어떤 관계보다 깊고 큰 노력을 필요로 하며 삶을 변화시키는 힘이 있다.

　서로에게 발전적인 인간관계에는 수용과 요구, 약속, 기뻐함, 그리고 필요하다면 꼭 해야 하는 사과, 이렇게 다섯 가지 요소가 필요하다. 하나님이 우리를 그분의 가족으로 받아들이실 때, 하나님은 그리스도의 대속을 통해 우리를 받아들이시고, 우리가 우리의 삶으로 하나님을 섬기기 바라시고, "보배롭고 지극히 큰 약속을 우리에게 주사"(벧후 1:4) 우리를 섬기고 부양할 것을 보증

하시며, 우리를 기뻐하여 하나님의 충만한 기쁨으로 우리를 인도하신다. (여기에는 하나님의 사과가 전혀 필요하지 않다! 그것은 크고도 영화로운 은혜이기 때문이다.)

우리 입장에서는 삼위일체 여호와를 우리 하나님으로 받아들이고, 우리에게 필요한 모든 것을 하나님께 의지하여 날마다 요구하고, 신실하게 순종하기로 맹세하여 그 약속을 하나님의 능력 안에서 지켜야 한다. 또 수행하는 모든 일로 그분을 기쁘게 하며, 죄를 고백하고 사과하는, 나아가 죄를 포기하고 죄에서 구해 달라고 끊임없이 구하며 회개해야 한다. 사랑하는 가족의 소원에 마음을 쏟는 것처럼, 우리는 주님을 향한 사랑 때문에 주님의 십계명에 마음을 쏟는다.

사랑 없이 율법을 행하면서도 하나님을 섬긴다고 생각한 바리새인들은 모든 관계를 비인격화했고, 그들 자신을 비인간화했다. 예수께서 그들을 비난한 것은 바로 그 때문이었다. 하나님을 위하여 하나님과 사람을 사랑하는 것이 십계명을 주신 하나님을 온전히 섬겨드리는 일이다. 그분께서 "나 여호와는 …이니 너는 … 하라"라고 선포하셨듯이, 그분의 사랑에 사랑으로 응답하는 것이 십계명을 지키는 진정한 비결이다. 이제 비결을 알았는가?

더 읽을 말씀

- 사랑으로 율법을 지킴: 신명기 11장
- 사랑 없이 율법을 지킴: 마태복음 23장

복습과 적용

- 사람을 이용하는 것은 왜 나쁜가? 우리는 어떤 상황에서 그렇게 하는가?
- 십계명에 응답하기로 결정하는 것은 '나와 너'(하나님과 우리)의 관계와 어떤 관련이 있는가?
- 바리새인들은 관계를 비인격화했고 따라서 그들 자신까지 비인간화했다. 이 말은 무슨 뜻인가?

3장 나를 사랑하고 내 계명을 지키는 자

오늘날 십계명은 별로 인기가 없다. 왜 그런가? 해야 할 것과 하지 말아야 할 것들을 규정한 율법이라는 데 부분적인 이유가 있다. 사람들은 율법을 싫어하는데(이것은 우리에게 죄의 본성이 있다는 표시이다), 그리스도인은 사랑을 따라야지 율법을 따라서는 안 된다고 생각하기 때문이다.

상황윤리

'상황윤리'는 십계명을 비롯한 성경의 다른 행동규범들을, 일시적으로 가장 중요하게 생각했던 '규범'(하나님의 가르침이 아니라 인간의 규범)일 뿐이라고 생각한다. 상황론자들은 모든 규범에는 예외가 있으며, 더 많은 사람에게 더 많은 유익을 준다면 십계명을 무시해도 괜찮다고 한다. 따라서 모든 상황에서 율법을 지키는 것이 최선인지 물어야 한다고 주장한다. 그렇다면 도덕적 삶이란 악보에 따라 연주된다기보다 언제나 자기 마음대로, 즉흥적인 재즈 연주처럼 될 것이다.

간통에서 정권탈취에 이르기까지 크고 작은 범죄 행위를 상황윤리로 정당화하려는 수많은 시도가 있었다. 상황윤리는 목적이 수단을 정당화한다고 말한다.

잘못된 대조

'사랑이냐 율법이냐'라는 식의 대조는 율법을 비하하는 것만큼이나 잘못이다. 사랑과 율법은 도덕의 참축을 이루는 동반관계이지 적대관계가 아니기 때문이다. 율법을 실행하는 데는 사랑이 필요하다. 그렇지 않다면 사람보다 규례를 앞세우고, 실제로 자신의 이웃을 사랑하지 않고도 완벽하게 선할 수 있다고 말하는 바리새인이 되고 만다. 상황윤리를 가장 좋게 보는 방법은 실제의 혹은 가상의 바리새파에 대항하는 시도라고 보는 것인데, 아무리 그렇다고 해도 그것은 프라이팬에서 뛰쳐나와 가스불로 뛰어드는 격이 되고 만다. 의도가 아무리 선하다고 해도 율법을 없애기보다는 율법이 있는 것이 낫다. 이성 간에 느끼는 에로스든 그리스도인에 대한 하나님의 아가페든 사랑은 우리를 눈멀게 한다. 그러므로 사랑의 눈이 되는 율법이 필요하다. 그리스도인답게 사랑하고 싶다는 마음을 가졌다고 해서 그 방법을 저절로 터득하게 되는 것은 아니다. 오직 하나님의 율법에 정한 기준을 지킬 때에만 상대에게 참유익을 줄 수 있다.

두 가지 진리를 마음에 새겨라. 첫째, 하나님의 율법은 하나님의 성품을 나타낸다. 율법은 그분의 행동을 반영하며, 그분이 우리에게서 보고 싶어하는 것과 보기 싫어하는 것을 일러준다. 그것은 하나님의 참형상인 거룩함에 인간을 일치시키기 위한 처방이다.

둘째, 이러한 하나님의 율법은 인간의 본성에 꼭 들어맞는다. 휘발유 자동차는 휘발유를 넣어야 움직이는 것처럼, 우리는 율법을 잘 지켜야 만족스러운 삶을 살 수 있다. 우리가 창조되고 구원받은 것은 이런 삶을 살기 위해서다.

방관?

상황윤리는 속된 마음이다. 방종으로 들어가는 문일 뿐만 아니라 그리스도인의 도덕성을 퇴폐적인 현대 세속주의의 '방관적' 태도로 몰아가기 때문이다. 현대 세속주의는 금지하는 모든 외적 권위를 거부하며, 인간은 한번 보는 것만으로도 가장 좋은 것을 알 수 있을 만큼 지혜롭고 선하다고 확신한다. 그러나 성경의 기준에 의하면, 이런 확신은 사탄이 가져온 많은 환상 가운데 하나로, 하나님을 모독하는 교만이다. 타락한 모든 피조물은 여기에 오염되어 있다.

성육신하신 하나님의 아들 예수 그리스도는 "나는 아버지를 사랑하며… 항상 그가 기뻐하시는 일을 행한다"(요 14:31, 8:29)고 말할 수 있었던 완벽한 사람이었다. 십계명의 단점을 찾아내어, 그것보다 더 좋은 계명을 주실 자격이 있는 사람이 있다면, 예수뿐이었다. 그러나 예수께서 하신 일은 무엇인가? 그분은 십계명이 영원한 권위를 지녔으며(마 5:18-20), 참종교의 중심이 된다고 단언하셨다(19:17-19). 그리고 십계명이 금하는 그릇된 행동뿐 아니라 그릇된 태도까지 자세히 설명하시면서 이를 회피하지 못하도록 못 박으셨다(5:21-30, 제6계명과 제7계명; 15:3-9, 제5계명; 23:16-22, 5:33-36 참조, 제3계명). 또 예수 자신도 십계명을 지켰다고 말씀하셨다(눅 6:6-10, 제4계명). 사도 요한은 "하나님을 사랑하는 것은 이것이니 우리가 그의 계명들을 지키는 것이라"(요일 5:3)라고 말하면서, 예수를 사랑하고 예수의 제자가 되는 길은 예수의 명령을 지키는 것은 물론 예수께서 신앙의 내용으로 삼으셨던 하나님의 계명도 지키는 것이라고 정의한다(요 14:15, 21-24; 마 28:19, 20 참조). 십계명을 지키는 것은 성부 하나님과 성자 하나님을 사랑하는 유일하고 참된 길이다.

이웃을 사랑하는 유일하고 참된 길 역시 십계명을 지키는 것이다. 바울은 "남을 사랑하는 자는 율법을 다 이루었느니라"(롬 13:8, 10 참조)라고 말하면서 이웃에 대한 사랑은 간음, 살인, 도둑질, 질투 등 세부적인 금지조항을 전부 실천하는 것이라고 직접 설명했다. 그는 이웃에 대한 사랑을 위해 그 금지조항을 폐기해야 한다고 말하지 않는다. 팝송 가사처럼 이웃 여인이 "우리 같이 자요!"라고 하거나 함께 다른 죄를 짓자고 말할 때, 단지 그 말에 동의하지 않는 데서 그치는 것이 아니라 요셉처럼 그 유혹을 뿌리치고 거절하는 이유를 분명히 알림으로써 이웃 사랑을 나타낸다(창 39:8).

도덕적 방관은 결국 쉽게 죄를 짓게 한다. 또 그것은 율법을 지키지 않고 죄를 범하는 사람의 인간성을 타락시키고 천박하게 할 뿐 아니라 (하나님의 율법이 보호하는) 사회마저도 크게 해치고 파괴한다. 최초로 도덕적 방관을 유도한 것이 사탄이다. 아담과 하와의 타락을 불러온 사탄의 약속, 즉 하나님의 법을 어기는 자는 하나님과 같이 된다는 약속은 거짓말이었다. 이 옛적 거짓말을 받아들이는 현대 세계에서 그리스도인이 이웃에게 진정한 사랑을 베푸는 길은, 인간을 참된 삶으로 인도하는 참안내자이신 하나님의 율법을 받들어 지키는 것이다.

더 읽을 말씀

- 사랑과 계명: 요한일서 2-3장, 갈라디아서 5:2-6:10

복습과 적용

- 상황론자들은 다른 사람들이 잘못이라고 생각하는 행동을 어떤 식으로 정당화하는가? 그들의 논리에 동의하는가? 그 논리를 반박할 수 있는가?
- "사랑과 율법은 동맹관계이지 적대관계가 아니다." 어떤 면에서 그러한가?
- 하나님의 율법은 인간의 본성과 관련하여 무엇을 보여주는가? 이 사실은 우리에게 어떤 도움을 주는가?

4장 네 하나님 여호와

시내산에서 이스라엘 백성에게 십계명(출 20:1-17)을 주셨을 때, 하나님은 자신을 소개하면서 십계명을 전하신다. "하나님이 이 모든 말씀으로 말씀하여 이르시되 나는 너를 애굽 땅, 종 되었던 집에서 인도하여낸 네 하나님 여호와니라 너는… 하지 말라"(1-2절).

하나님이 어떤 분이고 어떤 일을 하셨는지에 따라 그 백성의 마땅한 모습과 해야 할 일이 결정된다. 그러므로 우리도 십계명이 소개하고 있는 하나님이 어떤 분인지 살펴보는 것으로 십계명에 대한 공부를 시작해야 한다.

첫째, 십계명의 하나님은 창조와 언약의 하나님이다. 제4계명은 "나 여호와가 하늘과 땅과 바다와 그 가운데 모든 것을 만들었다"고 말씀하신다(11절). 따라서 당신이나 나, 그리고 그 밖에 모든 것은 하나님과 무관하게 스스로 있는 것이 아니라 하나님의 뜻과 능력에 의해 존재한다. 다섯 번(2, 5, 7, 10, 12절) 나오는 "네 하나님 여호와(야훼)"라는 표현은 하나님의 언약을 드러낸다.

하나님은 이스라엘이 자신을 '여호와'(야훼)라는 이름으로 알기 원하셨다(3:15을 보라). 그 이름은 "존재하다"(to be)라는 동사에서 비롯된 말이다. 그 이름에 대한 하나님의 설명은 "나는 나이다"(I am what[who] I am, 개역한글성경에는 "나는 스스로 있는 자"라고 번역됨-옮긴이) 또는 "나는 나일 것이다"이다(I will be what I will be). 두 설명에서 보면, 그 이름 여호와는 하나님의 스스로 존재하심, 영원하심, 주권자이심을 드러낸다. 덧붙여진 어구 '네 하나님'은 일반적으로 성경에 '언약'의 관계라고 표현된 특별한 관계를 가리킨다.

언약

'여호와'(야훼)는 하나님의 언약의 이름이다. 결혼한 남자는 자신을 '남편'이라고 부르는 여자, 즉 '아내'를 값없이 사랑하고 보호하며, 부양할 책임을 스스로 떠안는다. 이런 의미에서 성경은 하나님의 언약을 남편의 약속에 비유한다. "너를 지으신 이가 네 남편이시라"(사 54:5). "나는 네 하나님"(God to you, 창 17:7), "내가 너희와 함께하노라"(I am with you, 학 1:13, 예수께서도 마태복음 28:20에서 이렇게 말씀하셨다), "하나님이 우리를 위하시면"(God is for us, 롬 8:31)이라는 말씀과 함께 '네 하나님'이라는 이 간단한 어구는 구속받은 우리와 하나님과의 사랑의 관계를 가장 잘 선포하고 있다. 전치사와 인칭대명사만으로도 아주 많은 것을 표현할 수 있다!

창조와 언약으로 하나님은 우리에게 순종을 요구할 만한 두 가지 권한을 갖게 되셨다. 그 권한은 아버지 되심(창조자라는 시각에서 아버지 되심)과 혼인관계(언약의 관계)에서 나온다. 구약시대 이삭과 야곱으로 이어진 아브라함의 자손을 향한 창조주의 언약은 믿음으로 그리스도를 통해 아브라함의 후손이 된 모든 이들을 포함하는 약속이 되었다. 따라서 예수 그리스도를 구주로 믿는 우리는 하나님이 '그리스도 안에서 모든 영적인 복'을 우리에게 약속하셨음을 깨달아야 한다(엡 1:3, 롬 8:32 참조). 그리스도를 통해 아버지가 되시고, 언약 안에서 남편이 되신 하나님께 순종하고 충성하는 일이 이후 우리 삶의 원칙이 되어야 한다.

자유

둘째, 하나님은 '구속하시는 분'(redeemer)이며 '보상하시는 분'(rewarder)이다. 구속은 대가를 지불함으로써 다른 존재로부터 소유권을 되찾는 것을 의미한다. 유대인을 애굽의 노예 상태에서 구속하신 하나님은 갈보리 십자가라는 대가를 지불하고 그리스도인들을 죄와 사탄의 속박에서 구속했다. 이렇게 얻은 자유는 하나님의 율법을 지킴으로써 보존될 수 있다.

하나님의 율법을 지킴으로써 자유가 보존된다는 이치는 이스라엘 민족에게도 적용되었다. 하나님은 이스라엘 민족에게 순종하면 사로잡히는 것이 아니라 "네 하나님 여호와가 네게 준 땅에서"(출 20:12) 오래 살리라고 말씀하셨다. 하나님을 사랑하고 하나님의 "계명을 지키는 자에게는 천 대까지 은혜를" 베푸시는 것처럼 말이다(6절).

그러나 현대의 그리스도인들뿐만 아니라 당시 이스라엘 민족을 위한 더욱 심오한 진리가 있다. 하나님의 율법을 지키면 더 큰 자유(내적 만족)를 얻게 된다는 진리다. 십계명은 우리에게 이것을 목적으로 삼으라고 말한다. 이것이 야고보가 십계명을 "자유롭게 하는 온전한 율법"(약 1:25)이라고 부른 이유다. 율법을 지키면, 죄로 일그러졌던 우리 삶이, 하나님의 은혜로 하나님이 보고 싫어하시고 보상하고 싶어하시는 삶으로 다시 고쳐진다. 그러한 삶을 가리키는 적절한 이름이 '자유'다.

셋째, 하나님은 질투하는 분이며 심판하는 분이다. 하나님의 질투는 '질투'라는 단어에서 풍겨나는 도덕적 결함이 아닌 도덕적 탁월성을 나타낸다. 하나님의 질투는 아내가 자신만을 사랑하기 바라는 남편의 질투와 같은 것이다. 하나님의 사랑을 거부하고, 하나님의 뜻을 업신여기며, 하나님의 진실한 마음을 배반하는 곳에 하나님은 심판하는 분으로 '방문'하신다(5절). 하나님은 자신이 심판자로 방문할 사람들을 가리켜 각 세대 중 나를 "미워하는" 사람들이라고 말씀하신다. 하나님을 "미워한다"는 것은 하나님이 실제로 계신다는 것을 알면서도, 하나님의 법을 모독하고, 하나님이 죽었기를, 또는 하나님이 다른 모습이기를 바라며, 하나님의 요구와 경고를 지독히도 불경스럽게 무시하는 것을 가리킨다. 하나님이 이런 사람들을 심판하신다는 것에 이의를 제기하거나 이상하다고 생각할 수 있는가?

우리는 율법을 주신 하나님을 있는 그대로 인정하는가? 바울은 로마서 11장 22절에서 복음에 대해 언급하며 "그러므로 하나님의 인자하심과 준엄하심을 보라 넘어지는 자들에게는 준엄하심이 있으니 너희가 만일 하나님의 인자하심에 머물러 있으면 그

인자가 너희에게 있으리라…"라고 말한다. 십계명에는 하나님의 인자하심과 준엄하심이 같이 나타나 있다. 우리는 지혜롭게 그 두 증언에 주의를 기울여야 한다.

더 읽을 말씀

- 언약과 계명: 신명기 29-30장

복습과 적용

- 십계명에 소개되고 있는 하나님은 어떤 분인가? 우리는 왜 이 점을 살피면서 십계명에 대한 공부를 시작해야 하는가?
- 자기 백성에 대한 하나님의 언약과 관련하여, 결혼은 우리에게 무엇을 가르쳐주는가?
- 하나님의 율법을 지키는 것이 어떻게 자유를 가져다주는가?

5장 너는 나 외에는

"너는 나 외에는 다른 신들을 네게 두지 말라"는 순서뿐 아니라 중요도 면에서도 첫째이고 다른 모든 것의 기본이 되는 근본적인 계명이다. 참된 신앙은 이 계명을 삶의 원칙으로 받아들이는 데서 출발한다.

충성

당신이 사랑하고, 찾고, 예배하고, 섬기며, 당신을 지배하도록 그것을 받아들인다면 그것이 곧 당신의 신이다. 이런 의미에서 본다면 집, 땅, 장신구, 돈, 지위, 성공 등을 탐내는 것도 '소유'라는 신을 섬기기 때문이다. 바울은 이런 탐심을 "우상숭배"(골 3:5)라고 했다. 당신을 만들고 구원하신 분을 당신의 신, 곧 당신의 하나님으로 삼는 것은, 하나님의 사람으로서 하나님께 성실하고 충성스럽게 순종하며 사는 것을 의미한다. 하나님의 말씀에 따라 예배하고 섬기면서 하나님께 충성을 바치는 태도는 하나님을 경외하는 것(공포를 느끼는 것이 아니라 존경하는 것!)이다. 성경은 이렇게 하나님을 경외하는 것이 지혜의 시작이며 본질이라고 했다(욥 28:28; 시 111:10; 잠 1:7, 9:10). 온 마음으로 충성을 바치는 태도에서 거룩한 삶이 자라날 수 있다.

다른 신들

사람이 여호와 외에 다른 신들을 둘 수 있는가? 그럴 가능성이 많다. 이스라엘 민족에게는 난잡한 자연신인 가나안의 신 바알들이 있었다. 이 신들에 대한 예배는 고고학과 성경 호세아 4장 11-14절에서 보고 알 수 있듯이 진탕 먹고 마시고, 종교의식으로 매춘하는 것이었다. 우리에게도 섹스, 돈, 음식(이 불결한 삼위가 뭉쳐 '자아'라는 한 신을 이룬다)이라는 위대한 신들이 있다. 쾌락, 소유, 지위는 우리를 노예로 만드는 또 다른 세 가지 신이다. 이것은 요한일서 2장 16절에 "육신의 정욕과 안목의 정욕과 이생의 자랑"이라고 묘사되어 있다. 어떤 사람에게는 축구, 회사, 친구, 가족도 신이다. 실로 하나님 이외의 다른 신들은 이름을 다 대기 어려울 정도로 많다. 자신의 인생을 지배하는데도 그대로 받아들이는 것이 있다면, 그것은 곧 그 사람의 신이 된다. 우리에게 복종할 것을 요구하는 유혹은 삶의 곳곳에 도사리고 있다.

집중하여 살기

예수께서 말씀하신 제일 큰 계명은 네 마음을 '다하고' 목숨을 '다하고' 뜻을 '다하여' 주 너의 하나님을 사랑하라는 것이다(마 22:37, 막 12:30에는 여기에 '힘을 다하여'가 첨가되었다). 신명기 6장 4절 이하에서 인용된 이 말씀은 하나님께 충성하는 데에 무엇이 요구되는지 우리에게 알려준다. 이 말씀은 신명기 6장에서 여호와는 '한 분', 곧 '유일한 분'이시라는 것을 상기시키는 말씀과 함께 나온다. (유일한 분이라는 의미는 첫째, 주변의 다른 어떤 신도 하나님과 동일할 수 없으며, 둘째, 하나님은 우리의 예배와 섬김을 요구할 수 있는 유일한 분이라는 뜻이다.)

예수께서는 이 계명으로, 당신을 만드시고 구원하신 하나님의 사랑에 당신이 사랑으로 응답하기를 요구하시며, 온전히 뜻을 집중하기 원하신다. 그리하여 오직 여호와를 기쁘시게 하고 영화롭게 하는 것이 당신이 하는 모든 일의 목적이 되어야 한다고 요구하신다.

바울은 "병사로 복무하는 자는 자기 생활에 얽매이는 자가 하나도 없나니 이는 병사로 모집한 자를 기쁘게" 하기 위해서라고 했다(딤후 2:4). 고용주는 직원이 한눈팔지 않고 성실히 일해줄 것을 기대하며 마땅히 우리도 그래야 한다. 그렇다면 하나님의 요구는 이것보다 얼마나 더 엄중하고 절대적이겠는가! 우리는 하나님이 요구하시는 대로 전폭적으로, 전심전력을 다해 하나님께 충성을 바치고 있는가? 당신의 삶에서 하나님을 정말로 첫 번째 자리에 모시고 있는가?

하나님을 첫 자리에 모신다는 것은 실제로 무엇을 의미할까? 내가 날마다 해야 하는 101가지(율법의 전체 조항) 일, 내가 충족시켜야 하는 101가지 요구는 모험이다. 즉, 하나님을 잘 섬기기 위해 위험을 무릅쓰고 해야 하는 일들이다. 나는 그분을 위해 모든 일에서 내가 할 수 있는 최선을 다해야 한다. 조지 허버트가 "하나님의 율법을 받아들이는 사람은 고된 일을 신성히 여겨, 방을 청소하는 일까지도 훌륭하게 수행한다"라고 표현한 것처럼, 우리는 이러한 태도로 모든 일에 최선을 다해야 한다.

그러면 모든 일이나 관계에 필요한 새 힘이 성령의 은밀한 역사를 통해 내게 주어진다. 하나님을 기쁘게 해드리려는 목적이 없었다면, 나는 이러한 새 힘을 얻지 못할 것이다. 한 시인은 "소중한 당신(하나님)을 사랑하지 못했습니다. 마땅히 드려야 할 존경도 드리지 못했습니다"라고 고백했다. 그렇다. 하나님께 '존경'을 드리면, 그리스도인의 이웃 사랑에 대한 깊은 진리를 깨닫는다. 하나님을 첫 자리에 모시면, 자신만 생각하여 일어나던 분노가 사라지고, 삶의 열정, 일하는 행복, 다른 사람에 대한 사랑이 커진다.

깨어 하나님을 당신의 첫 번째 자리에 모셔라. 그러면 살리라!

더 읽을 말씀

- 잘못된 우선순위: 학개 1장
- 경시되고 권태롭게 되고 버림받게 된 하나님: 말라기 1-4장

복습과 적용

- 사람은 무엇이든, 어떤 사람이든 자기 신으로 삼을 수 있다. 당신은 어떤 신(또는 하나님)을 섬기는가?
- "온 마음으로 충성을 바치는 태도에서 거룩한 삶이 자라날 수 있다"고 말하는 이유는 무엇인가?
- 하나님 외에 다른 신들을 두지 않는다는 것은 실제로 무엇을 뜻하는가?

6장 우상을 만들지 말고

청년 시절 들었던 팝송 중에 이런 가사로 시작하는 곡이 있다. "상상은 재미있다. 상상은 흐린 날을 화창한 날로 만들어준다…." 상상은 굉장한 것이다! 상상은 무언가를 만들어낸다. (반지의 제왕, 셰익스피어의 희곡, 베토벤의 교향곡 등을 생각해 보라.) 상상은 다른 사람이 어떻게 생각하고 느끼는지 가늠하게 해주기 때문에 관계를 지탱해준다. 하나님의 형상의 일부인 상상은 좋고 필수적인 것이다. 상상력이 없는 사람은 무언가 결핍된 사람이다. 그러나 모든 좋은 것이 그런 것처럼 상상도 변질될 수 있다. 현실을 멀리하고 몽상만 좋아한다면 상상은 변질되어 파멸을 초래하는 길이 될 것이다. 아이들은 가장(假裝)하기 좋아하나 성인의 관계에는 '실체'가 필요하다. 다른 사람을 실제 그 사람과 다르게 상상하면 문제가 발생한다. 심리치료사와 결혼생활 상담가는 이 점을 잘 안다. 이것은 인간의 관계에 적용되는 일이지만 우리와 하나님의 관계에도 적용된다. 아니 더욱 정확히 적용된다.

하나님에 대한 상상

우리는 하나님에 대해 어떻게 생각해야 하는가? 하나님은 모든 면에서 우리의 이해를 뛰어넘으시기 때문에, 우리는 하나님을 제대로 상상할 수 없다. 그리고 우리가 하나님에 대해 상상한 어떤 것도 감히 믿어서는 안 된다. 우리 정신에 내재된 타락한 습관이 하나님을 왜곡할 수 있기 때문이다. 죄는 "너희가 하나님과 같이 된다"(창 3:5)는 유혹에 반응하면서 싹텄다. 하나님과 같은 수준이 되고자 했으나, 그 결과는 오히려 하나님을 우리 수준으로 끌어내리는 것이 되었다. 실제로 하나님이 우리 수준으로 강등되었다는 불경스러운 얘기가 아니다. 우리의 상상이 그 정도밖에 되지 않는다는 말이다.

제2계명은 "너를 위하여 새긴 우상을 만들지 말고… 어떤 형상도 만들지 말라"이다. 이 계명은 (제1계명이 언급한) 많은 신들을 섬기지 말라는 것이 아니라 참하나님을 인간이나 동물 등 열등한 존재나 그 비슷한 분으로도 상상하지 말라는 것이다. 금속으로 만든 형상은 원인이 아니라 결과일 뿐이다. 실제로 하나님이 공격하시는 것은 그 금속 형상을 만들게 된 인간정신이다. 이스라엘 민족이 황금 수송아지 형상 아래서 하나님을 예배했다는 것은 그들이 하나님의 순결함을 도외시한 채 하나님을 힘 있는 분으로만 상상하고 있었음을 보여준다. 기본적으로 이것이 이스라엘 민족의 죄였다. 우리가 하나님에 대한 생각을 우리의 상상에만 맡긴다면, 우리는 결국 엉뚱한 길로 빠질 것이다. "나는 하나님을 이런 식으로 생각하고 싶습니다"라고 시작하는 말은 결코 믿어서는 안 된다. 우리가 상상한 하나님은 정도의 차이는 있을지 몰라도 언제나 가상의 하나님이며 하나님의 실제가 아니다.

하나님의 실제

어떤 사람의 생각이 잘못되었음을 지적했는데, 그 뒤에도 그 사람이 당신 말을 듣지 않고 여전히 같은 실수를 반복한다면 어떨까? 정말 화가 나지 않을까? 하나님은 자신의 손길과 마음을 우리에게 보여주셨다.

   성경에 기록된 하나님의 말씀과 행동으로, 그리고 모든 면에서 하나님의 형상인 예수 그리스도, 곧 하나님의 성육신하신 아들이 지상에서 보낸 삶으로, 그분은 우리에게 그 손길과 마음을 보여주셨다(골 1:15; 히 1:3 참조; 요 14:7-10). 그런데도 하나님이 알려 주신 것에 우리가 주목하지 않는다면, 하나님은 얼마나 화가 나시겠는가? 성부 하나님의 속성은 전적으로 예수와 같으시다! 이 말은 이제까지 들은 것 중 가장 굉장한 소식이다. 그러나 우리는 이 사실에 주목하고 있는가? 두렵게도 주목하지 않는 것 같다. 우리는 다시 상상의 날개를 펼친다.

우리는 무슨 상상을 하는가? 구약 여러 부분에서 설명하고 있는 하나님의 모습이 일치하지 않는다고 생각한다. 그리고 구약 전체가 설명하는 하나님의 모습과 우리 상상 속의 예수의 모습이 일치하지 않는다고 생각한다. 당신은 예수를 어떤 분으로 생각하는가? 부드럽고, 온화하며, 따뜻한 분? 친절하며, 끊임없이 우리의 간구를 들으시며, 용서하실 준비를 하고 계신 분? 그렇다. 예수는 그런 분이다.

그러나 반쪽만 진리이다. 반쪽짜리 진리를 완전한 진리로 간주하면 그것은 거짓이 되고 만다. 당신은 예수께서 성전에서 장사하는 자들을 채찍으로 쫓아내신 일(막 11:15-17; 요 2:14-16), 유명한 유대교 지도자들에게 독설을 퍼부으신 일(마 23장), 무화과나무를 신실하지 않은 이스라엘에게 내려질 심판의 표라고 저주하신 일(막11:12-14, 20 이하)을 잊었는가? 성경 전체에서 나타나는 하나님의 모습과 마찬가지로, 예수 안에도 죄인을 불쌍히 여기심, 죄를 싫어하심, 고난을 받으심, 능력을 펼치심, 화를 더디 내심, 엄격하게 심판하심이 동시에 드러난다. 이런 예수의 성품은 우리를 참으로 겸손하게 하며, 날마다 자비를 구하게 한다. 하지만 우리는 이런 실상을 이해하는가? 상상이 다시금 우리를 속이고 있지 않은가?

우리는 하나님을 빛이자 사랑이며(요일 1:5, 4:8), 긍휼을 베푸시기도 하며 크고 두려우신 분이라고(느 1:5) 생각하고 싶어하는가? 아마 그렇지 않을 것이다. 그러나 하나님은 그런 분이다. 우리가 어리석고 부주의하게 하나님을 엉뚱하게 상상한다면, 우리에게 화가 미칠 것이다.

하나님은 자기 본성을 나타내시면서 제2계명(출 20:5 이하)을 끝맺는다. 완전한 충성을 요구하는 질투하시는 하나님, 심판받을 만한 자들을 심판하시는 공의로운 하나님, "나를 사랑하고 내 계명을 지키는 자에게는 천 대까지 은혜를 베푸는" 은혜로운 하나님이 곧 하나님의 실제 본성이다. 그러면 우리는 이 계명을 어떻게 지켜야 하는가? 혼란스런 우리의 상상에 고삐를 당기고, 하나님이 말씀하시는 그대로 하나님을 겸손히 받아들여야 한다. 우리는 그렇게 할 준비가 거의 되어 있지 않으며, 그렇게 하려고 서두르지도 않는다! 그러나 우리는 그렇게 제2계명을 지키는 법을 배워야 한다. 우리의 장밋빛 상상이 사라지고 하나님의 실상을 존중할 때, 오직 그때에만 참예배, 참섬김이 시작될 수 있기 때문이다.

더 읽을 말씀

- 금송아지와 금송아지에 대한 하나님의 생각: 출애굽기 32장

복습과 적용

- 왜 인간의 상상으로는 하나님을 적절하게 묘사할 수 없는가?
- 하나님의 형상을 상상하도록 부추기는 실제 죄는 무엇인가? 이 죄가 당신 삶에 문제가 되고 있는 것은 아닌가? 만일 그렇다면 그 문제를 어떻게 할 것인가?
- 하나님은 어떤 분인가? 당신 말로 직접 설명해보라.

7장 여호와의 이름을 망령되게 부르지 말라

어떤 냉소적인 외교관은 이렇게 말했다. "말의 목적은 생각을 숨기는 데 있다." 이 말은 실제로 우리가 말하는 방식을 지적하고 있다. 어쩌면 너무나 적나라한 사실이어서 유익하지 못할 정도다. 사람들은 진심으로 말해야 할 때에도 진심으로 말하지 않을 때가 있다. 그래서 우리는 가끔 "진심입니까?"라고 되묻는다.

말을 계약서처럼 생각하지 않는 것, 즉 우리가 실제로 한 말에 책임지지 않으려는 태도는 죄의 증상이다. 이 증상은 고결함을 갉아먹는 도덕적 구더기이다. 결혼서약, 고용주와 피고용인의 계약, "이렇게 하겠다", "그 점에 주의하겠다", "오겠다", "가겠다" 등 일상적인 약속은 왜 그토록 자주 깨지는가? 왜 우리의 삶은 우리가 지키지 못한 약속들로 어지럽혀지는가? 악의에서든, 시간

관리를 못해서든, 이기심 때문이든, 부주의 때문이든, 약속을 지키지 못한 이유가 무엇이건 간에 우리의 삶은 휴지조각처럼 버려진 약속들로 어지럽다. 우리는 왜 아무렇지도 않게 우리의 말을 믿는 사람들을 무시하는가? 그 이유는 자기 말에 책임지지 않으려는 죄의 증상 때문이다.

하나님의 이름을 망령되게 부름

그러나 성경은 약속을 매우 진지하게 여긴다. 하나님은 우리에게 서약을 충실히 지킬 것을 요구하신다. 왜 그런가? 하나님 형상의 특징 가운데 하나인 신뢰를 우리 안에서 발견하고 싶어하시기 때문이다. 신뢰가 없다면 사회는 산산이 해체되고 말 것이다. 제3계명은 이 점에 대한 하나님의 관심을 강조한다.

"너는 네 하나님 여호와의 이름을 망령되게 부르지 말라."

'망령되게'(in vain)는 '실제와 다르게'(for unreality)라는 의미이다. 하나님의 이름을 공허하거나 하찮거나 불성실한 것과 관련시키거나 그렇게 사용하는 것을 금한다는 계명이다. 여기에는 최소한 세 가지 사실이 관련되어 있다.

첫째, 불경이다. 하나님의 지혜와 선하심을 진지하게 받아들이지 않고 말과 생각으로 하나님을 모독하는 것이다. 욥은 자기 자녀들이 "마음으로 하나님을 욕되게 하였을까"(욥 1:5) 하여 자녀들을 대신해 희생 제물을 드렸다. 자녀들이 죽은 후, 괴로워하는 아내가 "하나님을 욕하고 죽으라"(욥 2:9)고 재촉했을 때도 욥은 하나님을 욕하지 않았다. 우리가 자신에게 시선을 고정하면, 우리는 자신과 주변 사람에게 일어난 일 때문에 하나님을 미워하게 되고, 그때마다 제3계명을 어기게 된다.

둘째, 나쁜 말씨이다. 인간의 나쁜 감정을 나타내기 위해 하나님의 이름을 욕처럼 사용하는 경우다(영어에는 'God'이나 'Jesus'가 들어가는 욕설이 많다-옮긴이). 일상적으로 내뱉기 쉬운 불경스러운 말, 예를 들어 "맙소사"(Oh my God!), "젠장"(Oh Christ!) 등도 최악의 죄는 아니라 할지라도 제3계명을 침해하는 역겨운 죄이다. 그런 말투는 믿음을 드러내는 것도 하나님을 예배하는 것도 아니기 때문이다. 때때로 우리 안에 분노가 치밀어 오를 때가 있다. 그럴 때 실제로 폭력을 행사하는 것보다는 차라리 거친 말이나 욕을 하는 것이 낫다. 그러나 하나님이 우리의 주님이라는 사실을 생각하면, 또 하나님이 우리의 성화를 위해 분노를 포함한 모든 것을 규제하신다(히 12:5-11; 롬 8:28 이하 참조)는 사실을 생각하면, 가장 미칠 것 같은 순간에도 진정할 수 있다. 그것이 최선이다.

셋째, 약속 지키기인데, 여기에는 특별한 주의가 필요하다. 드러난 표현만으로는 오해의 여지가 있기 때문이다. 자기 말에 신빙성을 높이기 위해 하나님의 이름을 거론했다면, 그것은 지독한 불경이다. 나중에 그 말을 취소했을지라도 그렇다. "너희는 내 이름으로 거짓 맹세함으로 네 하나님의 이름을 욕되게 하지 말라"(레 19:12; 렘 5:2; 슥 5:4 참조).

여호와는 자기 이름을 망령되게 부르는 자를 죄 없다 하지 아니하신다. 바리새인들은 하나님의 이름을 명확히 거론하지 않았다면, 신성한 것을 두고 맹세한 약속이라도 깰 수 있으며, 그것은 죄가 아니라고 생각했다. 예수께서는 이러한 바리새인들의 생각을 책망하셨다. 인간이 하는 모든 약속에서 하나님을 배제할 수 없기 때문이었다. 하나님은 모든 곳에 계시기 때문에, 하나님의 이름을 거론했든 거론하지 않았든 모든 약속은 하나님 앞에서 이루어지는 것이다(마 5:33 이하). 따라서 모든 약속은 신성하며 지켜야 한다. 아이들은 이 사실을 알고, 반드시 약속을 지켜야 한다고 생각한다. 그러나 성인들은 이 사실을 종종 잊어버린다. 그것이 비극이다.

경건한 사람은 조심스럽게 약속한다. 또 일단 약속을 하면 양심적으로 이를 지킨다. 약속에 무책임하고, 믿을 수 없게 행동하는 것은 통탄할 만한 크나큰 죄이다. 이 점을 배우기란 매우 어렵다! 그러나 반드시 배워야 한다!

더 읽을 말씀

- 말을 조심해야 하는 이유: 마태복음 12:22-37

복습과 적용

- 왜 하나님은 우리가 한 약속들을 지키기 원하시는가?
- 여호와의 이름을 망령되게 부르는 것은 오직 그 이름으로 약속하는 것만 관련이 있는가? 왜 그런가? 아니면 왜 그렇지 않은가?
- 하나님의 이름을 확실하게 거론하지 않은 맹세는 지키지 않아도 죄가 아니라는 바리새인들의 주장을 당신은 어떻게 논박하겠는가?

8장 안식일을 기억하여

"안식일을 기억하여 거룩하게 지키라"고 하는 제4계명에 몇 가지 의문을 제기할 수 있다. 첫째, 역사적인 문제다. 시내산 이전에도 안식일을 지켰는가? "기억하여"라는 단어와, 제7일에는 만나를 공급하지 않으셨다는 성경의 설명(출 16:22-30)을 보면 시내산 이전에도 안식일 관습이 있었음을 알 수 있다. 한편 창세기 2장 2-3절("하나님이 그 일곱째 날을 복되게 하사 거룩하게 하셨으니 이는 하나님이 … 그날에 안식하셨음이니라")은 안식의 관습을 창조 시점으로까지 끌어올린다.

안식일과 주일

둘째, 시행의 문제다. 창조와 출애굽을 기념하는(신 5:15) 한 주의 일곱 번째 날인 구약의 안식일과 예수의 부활을 기념하는(요

20:19; 행 20:7; 계 1:10) 한 주의 첫날인 주일은 어떤 관계가 있는가? 토마스 아퀴나스와 웨스트민스터 신앙고백서에 따르면, 단지 날을 세는 방식의 차이일 뿐이라고 한다. 따라서 그리스도인은 주일을 지킴으로써 안식일을 지키는 것이 된다. "세상 시작으로부터 그리스도께서 부활하시기까지는 하나님이 이레 중에 일곱째 날을 안식일로 명하셨고, 그 후부터 세상 끝날에 이르기까지는 이레 중에 첫날을 그리스도인의 안식일로 명했다"(웨스트민스터 소요리문답).

이 견해는 몇 안 되는 증거(앞에 제시한 신약성경 세 구절)를 논리적으로 읽은 결과일 것이다. 그러나 제칠일안식일예수재림교회는 (안식일에서 주일로의) 변화가 일어났다는 것을 부인하며 토요일을 계속 안식일로 지킨다. 반면 아우구스티누스와 같이 '안식'은 그리스도 안에서의 안식을 상징하는 것이라고 생각한 많은 사람들은, 안식일 역시 다른 구약의 상징과 마찬가지로 이제는 폐지되었다고 결론 내린다. 그러므로 그들이 주일을 지키는 이유는 하나님의 직접적인 명령 때문이라기보다 교회의 전통적인 관습 때문이다.

셋째, 윤리적인 문제다. 주일이 기독교의 안식일이라면, 우리는 그것을 어떻게 거룩히 지킬 것인가? 답은 예수처럼 행동하는 것이다. 예수께 안식일이란 빈둥대며 노는 날이 아니라 하나님을 섬기고 선한 일(웨스트민스터 소요리문답에 따르면 "부득이한 일과 자선에 관한 일")을 하는 날이었다(눅 4:16, 13:10-17, 14:1-6). 여러 가지 세상일에서 자유로우면 주님의 날에 하나님을 섬기는 데 더욱 자유로울 수 있다. 매튜 헨리는 안식일은 거룩한 일을 하기 위한 거룩한 휴일이 되었다고 말했다. 이 거룩한 일에 육체의 휴식과 가족 간의 즐거움이 배제되어야 한다는 것은 아니다. 그러나 예배와 그리스도인의 사귐이 가장 우선이다.

당신의 시간은 하나님의 것이다

이 세 가지 의문에 대한 추론에는 논쟁의 여지가 있을지 모르지만, 이 추론에 잠재되어 있는 원칙은 명확하다. 그 원칙이란, 우리가 충심(제1계명)으로, 정신(제2계명)으로, 말(제3계명)뿐 아니라 시간(제4계명)으로도 하나님을 섬겨야 한다는 것이다. 하나님은 우리에게 안식을 요구하심으로써, 우리의 모든 시간이 하나님의 선물임을 상기시키신다. 우리는 이 선물을 하나님을 위해 사용하다가 하나님께 다시 돌려드려야 한다. "내 삶을 받으소서"라는 말에는 "나의 순간과 하루하루의 시간, 나의 모든 시간을 받으소서"라는 의미가 포함되어 있다. 바로 이런 인식에서 제4계명에 대한 진정한 순종이 시작된다.

타고난 재능과 물질은 하나님이 주신 선물이며, 그리스도인은 그 재능과 물질의 청지기라는 진리는 오늘날 매우 잘 알려져 있다. 그러나 시간도 하나님의 선물이며, 우리가 시간의 청지기라는 진리는 충분히 강조되지 못했던 것 같다. 우리는 청교도들과 바울에게서 이 진리를 배울 수 있다.

청교도들은 시간의 귀중함을 자주 강조했다. 바울 역시 "그런즉 너희가 어떻게 행할 지를 자세히 주의하여 … 세월을 아끼라 때가 악하니라"(엡 5:15 이하; 골 4:5 참조)라고 말했다. '세월'(time)은 '순간'이나 '기회'를 의미한다. '아끼라'는 문자 그대로 '낭비하거나 쉽게 버리지 않는 것'을 말한다. '때'(the days)는 바울의 시각에서 보면 여전히 '악하다.' 다시 말해, 사탄의 유혹과 적대 행위로 가득하다(엡 6:11-17 참조). 사탄은 모든 순간이 잘못 사용되는 것을 보고 싶어한다. 그러나 우리는 매 순간을 하나님께 의미 있는 시간으로 만들어 돌려드려야 한다.

어떻게? 서둘러서 행동한다고 되는 것이 아니다. 하나님이 명령하신 삶의 방식에 따라야 그렇게 할 수 있다. 취침, 가정생활, 생업, 가사, 기도, 기분전환 등 꼭 필요한 일들을 하되, 명령하신 대로 리듬을 타듯 수고와 휴식, 노동과 예배를 드리도록 하라. 즉 시간에 지배되는 것이 아니라 시간을 지배함으로써 하나님이 바라시는 의미 있는 시간을 가꿔가라는 말이다.

아마 제4계명을 합당한 만큼 진지하게 받아들이는 사람은 거의 없을 것이다. 이런 점에서 보면 내 허물 역시 크다. 당신은 어떤가?

더 읽을 말씀

- 하나님께 시간을 바치는 방법: 이사야 58장

복습과 적용

- 구약의 안식일과 신약의 주일은 어떤 관계가 있다고 생각하는가? 당신의 견해를 말해보라.
- 이 시대에 우리는 어떻게 안식일을 거룩히 지킬 수 있을까?
- 실질적인 차원에서, 시간을 모두 하나님께 바친다는 것은 무엇을 의미하는가?

9장 네 부모를 공경하라

하나님과 관련된 네 가지 명령 다음으로, 타인과 관련한 여섯 가지 의무가 명시된다. 그 의무 가운데 첫째가 "네 부모를 공경하라"이다.

부모에 대한 존경

성경은 부모가 자녀를 교육할 의무와 자녀가 부모를 공경할 의무를 강조한다. 구약에서 부모를 멸시하는 것은 중대한 죄였다. 부모를 저주한 사람은 사형에 처할 수 있었다(출 21:17; 레 20:9). 함은 아버지 노아가 독한 포도주를 마시고 잠들었을 때, 아버지를 조롱한 일 때문에 저주를 받았다(창 9:20-27). 신약에서 예수는 바리새인들을 심하게 꾸짖으시면서 제5계명을 지키라고 요구하신다. 부모를 궁핍한 상태에 내버려둠으로써 사실상 제5계명을 어기고 있었기 때문이다(마 15:3-9). 부모에게 불순종하는 것은 타락과 그리스도를 배신하는 일의 전조이다(롬 1:30; 딤후 3:2).

왜 하나님은(웨스트민스터 요리문답이 명시한 것처럼) "나의 부모님을 사랑하고, 공경하고, 도울" 의무를 강조하시는가? 거기에는 여러 가지 이유가 있다.

첫째, 가정은 기본적인 사회 단위이다. 가정이 약한 국가는 안전하거나 튼튼할 수 없다.

둘째, 가정은 기초적인 영적 단위이다. 하나님은 부모를 자녀의 목사요, 선생님으로 삼으신다.

셋째, 아이들은 수년간 부모의 보살핌과 양육을 받아 부모에게 큰 빚을 진다.

넷째, 아이들은 그들이 생각하는 것 이상으로 부모의 지도가 필요하다. 그 지도를 거부하면, 아이들은 여러모로 부족한 사람이 된다. 출애굽기 20장 12절과 신명기 5장 16절 말씀은 부모를 공경하는 사람들에게 장수(長壽)를 약속한다. 신약시대 이후 그리스도인들에게는 이 장수가 보장되지는 않지만, 부모를 업신여기면 곤경을 겪는다는 진리는 그대로 유지된다. 부모를 업신여기는 자들은 그리스도인으로서 성숙하는 데 지장을 겪고 결국 하늘에 계신 아버지를 제대로 공경하기도 어렵다.

다섯째, 사회보장이 제대로 이루어지지 않던 시절에, 사람들은 노후를 대비하여 자녀를 낳았다. 복지국가일지라도 노인은 자녀의 사랑어린 관심이 필요하다. 어린 시절 자녀가 부모의 보살핌을 필요로 했듯이 말이다.

하나님과 가족

물론 이런 이유 중 어떤 것 때문에라도 부모가 자녀를 학대하거나 소유물로 취급하는 것을 정당화할 수는 없다. "아비들아 너희 자녀를 노엽게 하지 말고 오직 주의 교양과 훈계로 양육하라"(엡 6:4; 골 3:21 참조). 만일 부모가 그 자녀가 그리스도의 제자가 되는 것을 방해한다면, 자녀가 부모에게 불순종하는 것은 필요악이 될 것이다.

그러나 우리 주 예수 그리스도의 아버지이며, 또 그리스도를 통해 우리 그리스도인들의 아버지가 되시는 하나님이 가족들의 일에 몹시 마음 쓰고 계신다는 것을 우리는 깨달아야 한다. 부모와 자녀 모두에게 책임이 따르는 가정생활은 모든 이들에게 알려주신 하나님의 뜻이다. 또 우리가 부모와 자녀로 행동하는 방식은 우리의 인간성과 경건함을 헤아려볼 수 있는 중요한 척도가 된다. 자녀를 존중하고 자녀가 성숙하기 바라며 자녀를 보살피는 부모의 사랑, 부모를 존경하고 부모가 만족하기 바라며 부모에게 감사하는 자녀의 사랑은 우리에게 꼭 필요하다.

오늘날 부모와 자녀 모두 올바른 그리스도인으로서의 가정생활 방식을 다시 배워야 한다. 과거 대가족이 현재는 핵가족화했다. 사회보장제도가 도입되면서 가정의 중요성이 경감되고 있다. 이런 이유 때문에 가족 관계가 약해졌다. 부모는 너무 바빠서 자녀들에게 시간을 낼 수 없고, 젊은이들은 현재의 젊은이 문화에 휩쓸려 이전보다 더욱 부모를 답답하고 시대에 뒤떨어진 사람으로 취급한다. 이런 시점에서 제5계명은 우리에게 하나님의 명령을 상기시킨다.

부모에 대한 당신의 태도는 솔직히 그동안 어떠했는가? 또 지금은 어떠한가? 부모를 공경한다는 것은 부모를 존경한다는 뜻이다. 성직자 개인의 한계나 연약함에도 불구하고 성직자의 직무, 성직자와 당신의 관계 때문에 당신이 그를 존경해야 하는 것처럼, 부모가 당신을 위해 맡은 일이나 당신과의 관계 때문에라도 마땅히 부모를 사랑해야 한다는 뜻이다. 나의 대학 동기생 중 한 사람은 학자로서 대성했다. 그러나 그는 학자로서 성공했을지 몰라도 부모를 수치스럽게 여겼다(그의 아버지는 빵 굽는 사람이었다). 그래서 그는 부모님을 찾아뵈려고도 하지 않았고, 부모님이 자신을 방문하는 일도 꺼렸다. 연금도 없던 시대에 부모에 대한 경제적 책임을 회피하고, 회피할 수 있는 길을 사람들에게 열어주었던 바리새인들처럼(이 때문에 예수께서는 바리새인들을 맹렬히 책망하셨다. 마가복음 7:6-13을 보라), 오늘날에도 성인이 된 자녀들이 더 이상 자립해나가기 어려운 부모를 돌보지 않고 있다. 부모를 무시하는 한, 어떤 사람도 이웃 사랑을 주장할 수 없다. 우리는 회개할 일이 참으로 많다.

더 읽을 말씀

- 가정생활의 지침: 골로새서 3:18-21(에베소서 5:21-6:4 참조)
- 예수께서 어머니를 공경하신 방법: 요한복음 2:1-11, 19:25-27

복습과 적용

- 가정이 연약하다면, 그 국가는 왜 강할 수 없는가?
- 하나님이 아버지 되심을 안다는 것이 부모에게 어떤 도움이 되는가?
- 가정은 어떤 면에서 시험의 장(場)인가?

10장 살인하지 말라

제6계명(출 20:13; 신 5:17)은 "살인하지 말라"이다. '살인'은 악의에 의해 불법적으로 사람을 죽이는 것을 말한다. (살인자에게) 사형을 집행하는 것과 전장에서 적군을 죽이는 것은 여기에 해당하지 않는다. 십계명이 나오는 출애굽기와 신명기를 보면, 실제로 이 둘에 대한 하나님의 요구가 나온다(출 21:12-17; 신 20:10-18). 사형제도는 현명하지 않으며 심지어 혐오스러운 것이라고 생각하는(사형제도에 대한 견해는 여러 갈래다), 자기 의견을 뒷받침할 목적으로 제6계명을 거론해서는 안 된다. 이 계명은 개인 윤리를 언급하고 있기 때문에 사형제도에 대한 지지와 반대 어느 쪽으로도 이용될 수 없다.

하나님의 형상을 지닌 인간

제6계명은 인간의 생명이 신성하다는 원칙에 기초를 두고 있다. 인간의 생명이 신성한 이유는 첫째, 하나님의 선물이기 때문이며, 둘째, 인간은 하나님의 형상을 지니고 있기 때문이다(창 1:27, 9:6). 따라서 인간의 생명은 이 세상에서 가장 소중하고 신성한 것이다. 그 생명을 끝내거나 인생의 종말을 명령할 수 있는 것은 오직 하나님 한 분뿐이며, 그분만의 특권이다. 우리는 서로에게 있는 하나님의 형상을 존중함으로써 하나님을 공경한다. 이 말은 가능한 한 모든 방법을 이용하여 서로 상대의 목숨을 보호하고 상대의 행복을 증진시켜야 한다는 것을 의미한다.

제6계명에 언급되지 않았지만 살인이라고 부를 수 있는 것이 몇 가지 있다.

첫째, 악의이다. 우리가 쓰는 표현대로라면, "그놈이 죽는 꼴을 보고 싶어"라고 말할 때의 마음으로, 어떤 사람을 없애고 싶어하는 욕구다. 예수께서는 이렇게 말씀하셨다. "형제에게 노하는 자마다 심판을 받게 되고… 미련한 놈이라 하는 자는 지옥 불에 들어가게 되리라"(마 5:22). 마음속 증오 역시 사람을 해치는 폭력이자 살인이라고 할 수 있다.

둘째, 다른 사람의 생명을 위태롭게 하거나 단축시키는 학대나 폭력도 살인이다. 군국주의 국가는 세뇌하고 심문할 목적으로 (때로는 이런 목적도 없이) 고문을 일삼는다. 기독교 국가에서도 범죄(예를 들면 강도)가 증가하고 있다. 제6계명을 중시했다면, 이런 일은 일어나지 않았을 것이다.

태아 살해

셋째, 낙태이다. 생명과학이 말해주듯, 태아는 임신하는 순간부터 인간이다. 자궁 밖에서는 생존할 수 없다는 사실 때문에, 태아의 인권이 침해되어서는 안 된다. 태아도 다른 사람들과 똑같이, 태어난 다음에 극진한 보호를 받는 것처럼 그렇게 보호받을 권리가 있다. 낙태는 임신으로 산모의 생명이 위험해졌을 때에만 (필요악으로서) 정당화할 수 있다. 그러나 오늘날은 의학의 발달로 그런 경우가 거의 없다. 기타 다른 이유에서 낙태를 정당화하는 것은 사회악이다.

넷째, 자살과 안락사이다. 자살은 미친 짓이다. 한때 자살을 하면 하나님의 은혜가 박탈된다고 생각했다. 설령 그렇지 않다 하더라도 자살은 직접적으로 하나님의 계명을 위반하는 것이다. 안락사도 마찬가지이다. 안락사 역시 원격조정한 자살이나 타살과 다를 바 없다. 고통을 줄이기 위해 총으로 말을 쏴 죽이거나 약물을 주입하여 애완동물을 죽이는 것이 정당한 것처럼, 사람을 고통에서 건져내는 것 역시 정당하다는 생각이 안락사를 뒷받침하는 것 같다. 그러나 인간을 말이나 애완동물의 범주에 넣을 수는 없다. 고통이 극에 달한 사람이 우리에게 안락사를 요청할지라도 그렇다. 자살과 안락사를 불법으로 규정하고 있다면 그것은 옳은 일이다. (의식을 회복할 희망이 없을 경우, 육체를 죽게 내버려 두는 것은 안락사가 아니다. 가장 중요한 의미에서 그 사람은 이미 죽은 것으로 여겨야 한다. 다만 어려운 점은 의식을 회복할 수 없는 상태에 이른 시점을 언제로 판단하느냐 하는 것이다.) 나치가 수백만 명의 유태인과 장애인을 죽인 것과 러시아 공산당이 수백만 명의 러시아인을 죽인 것은, 인간의 생명이 신성하다는 것을 부인하면 어떤 결과를 초래하는지 여실히 보여준다. 제6계명은 더욱 참되고 선한 길을 제시한다.

살인자들

범죄소설 작가들이 생각하는 것처럼, 또 우리 대부분이 경험으로 아는 것처럼, 우리 안에는 분노, 공포, 시기, 탐욕, 자만, 냉담, 미움이 있다. 우리 속에 도사리고 있는 이런 유혹이 적당한 핑계만 있다면 언제든 우리를 살인자나 유아 학대자, 잔혹한 남편과 살인청부업자로 만들려고 호시탐탐 기회를 노린다.

G. K. 체스터턴의 소설에 나오는 파더 브라운은 자신의 수사 방법을 설명하면서 이렇게 말한다. "그 사람들 모두를 죽인 것이 바로 나라고 생각하는 거야." 범죄를 수사하면서, 그 범죄를 저지르게 한 정신 상태를 알아내기 위해 자기 내면을 살펴본다는 의미다. 실제로 자기 내면에서 그런 정신 상태를 찾아냈다. 체스터턴은 브라운의 입을 빌려 이렇게 말한다. "아무도 진정으로 쓸 만한 탐정은 될 수 없다. 자신이 얼마나 악한지 알 수 있을 때까지, 마치 머나먼 정글에나 있는 원숭이들처럼 '범죄자들'에 대해 이야기를 하고 조롱하며 잘난 척할 권리가 자신에게 진정 얼마나 있는 것인지 알 수 있을 때까지, 자기 영혼에서 바리새인의 속성을 최후의 한 방울까지 다 천착해낼 때까지, 자신은 자기 내면의 범죄자의 본성을 어떻게든 자신 안에 안전하게 잡아 가둬두었기만을 바랄 수 있을 때까지는 말이다."

소설 속 인물이기는 해도 브라운은 사실을 말해주었다. 사람의 마음속에 들어찬 분노와 증오라는, 깊이를 알 수 없는 그 우물을 퍼낸다면 결과는 몹시 두려운 것이 될 것이다. "하나님의 은혜가 없다면, 나는 그 우물로 달려갈 것이다."

오직 근신하게 하시고 새롭게 하시는 은혜만이 제6계명을 지킬 수 있도록 해준다.

더 읽을 말씀

- 살인은 악이다: 창세기 4:1-16, 9:1-7

복습과 적용

- 왜 미움은 살인과 같은 범주에 넣어야 하는가? 다른 사람에 대한 분노와 증오의 감정에 당신은 어떻게 대처하는가?
- 낙태와 안락사에 대해 이 장에서 언급한 입장에 동의하는가? 그 이유와 그렇지 않은 이유는 무엇인가?
- 이 장에서 언급한 '더욱 참되고 선한 길'이란 무엇인가?

11장 간음하지 말라

제7계명을 처음 대했을 때 나는 아주 어렸는데, 그때까지는 간음이 성인의 행동방식을 의미하는 줄 알았다. 실제로 어떤 성인은 혼외정사를 성인이 된 표로 생각한다. '성인'이라는 단어가 이런 의미로 쓰이는 것은 옳지 않다고 생각하지만, 어쨌든 이 경우에는 이런 의미로 쓰였다. (어떤 주일학교 학생이 간음을 실제보다 더 나이를 먹은, 즉 성인인 체하는 죄라고 정의했을 때, 내게는 그 말이 핵심을 찌른 것처럼 들렸다!) 그러나 "간음하지 말라"는 계명이 우리에게 요구하는 것은 첫째, 섹스는 결혼, 오직 결혼생활을 위한 것이며, 둘째, 결혼생활은 평생 정절을 지키는 관계로 보아야 한다는 것이다. 셋째, 섹스를 통해 다른 사람의 결혼관계를 침해해서는 안 된다는 것이다. 이 원칙을 이해하고, 이 원칙에 따라 사는 것이 참으로 성인이 되었음을 나타내는 표시이다.

섹스 본연의 자리

그리스도인들은 성적 즐거움을 누리는 것에 대해 때때로 결벽증 같은 반응을 보이기도 하지만, 성경은 그렇게 말하지 않는다. 아가서와 잠언은 하나님이 섹스(본연의 의미에서)를 전적으로 긍정하신다는 것을 보여준다! 그러나 섹스는 곧잘 제자리를 벗어난다. 예를 들어 자극을 위해, 정신적·신체적 긴장을 풀기 위해, 외로움이나 지루함에서 벗어나기 위해, 남을 통제하고 굴욕감을 주기 위해, 또 상대의 성적 도발에 단순히 동물적으로 반응하여 섹스를 행할 때가 있다. 이런 동기에서 행한 섹스는 섹스 자체의 가치를 떨어뜨리며, (순간적인 쾌락을 줄지라도) 섹스를 하찮고 추하게 만들고, 기쁨보다는 혐오감을 더 많이 남긴다.

그러면 섹스가 있어야 할 자리와 섹스의 목적은 무엇인가? 하나님의 의도는 이렇다. 아담에게서 하와를 지으신 기사에서 알 수 있듯이, '한 몸'임을 경험하는 것은 배우자임을 느끼며 그 의미를 더욱 깊게 한다. 서로에게 자신을 내어줌으로써, 두 사람은 서로에게 속했으며, 온전함과 완전함을 이루기 위해 서로 필요한 존재임을 드러내고 높인다(창 2:18-24 참조). 이것이 서로 헌신하는 부부가 짝을 이루어 '만들어내는' 사랑이다. 이러한 관계에서 자녀가 태어나지만, 이 사실은 부차적인 것이다. 일차적인 목적은 부부가 반복하여 서로를 '앎으로써' 서로 상대에게만 속한 사람임을 알아 그 부부의 관계를 풍성하게 하는 것이다.

따라서 섹스가 있어야 할 자리는 평생 서로 정절을 지키는 자리, 곧 결혼이라는 자리이다. 거기서 경험하는 섹스는 부부의 관계를 서로에게 충실한 사랑의 관계로 이끌어주어, 섹스 자체도 더욱 풍성해진다.

그릇된 길

따라서 혼외정사는 하나님이 의도하신 바가 아니다. 거기에는 정절의 서약이 없기 때문이다. 무분별한 섹스를 하는 남자는 엄밀히 말해서 그 여자를 사랑하는 것이 아니다. 그 여자를 이용하는 것이고 따라서 학대하는 것이다. (아무리 여자가 그 섹스에 동의했다고 해도 마찬가지이다.)

자위행위 역시 하나님이 의도하신 섹스가 아니다. 섹스는 관계이지 혼자 즐기는 것이 아니기 때문이다. 하나님이 의도하신 관계는 이성애 섹스이다. 하나님은 동성애를 금하고 책망하신다(레 18:22; 롬 1:26 이하). 하나님께 섹스 행위(킨제이의 표현으로는 '배출') 없는 삶(즉, 독신의 삶)을 부여받았다면 그는 아무에게도 해를 끼치지 않으며, 동시에 그 사람의 속성이 위축되지도 않는다.

어쨌든 완전한 인간이었던 예수는 독신이셨다. 바울은 아예 결혼을 안 했거나 아니면 선교사역 내내 결혼생활을 전혀 하지 않고 혼자 살았다. 배우자를 원하는 모든 사람이 배우자를 얻을 수 있는 것은 아니다. 그러나 하나님은 우리를 어떤 상태로든 부르시며, 우리가 그 상태를 감수할 수 있도록 능력을 주신다.

섹스는 이정표이다

오늘날 섹스의 의미와 목적은 현대의 무분별한 성(性)이라는 정글에서 길을 잃었고, 섹스의 영광은 빛이 바랬다. 도덕적으로 타락하고 있는 우리 사회는 섹스에 대한 고상하고 기품 있는 시각을 되살려야 한다. 즉, 성경과 제7계명의 명령처럼 섹스를 완전하고, 영원히 헌신적인 관계로 볼 수 있어야 한다. 이런 시각에 부합하는 섹스는 애정과 성실성과 생물학이 결합된 관계로서, 우리로 하여금 섹스가 의도한 원래의 행복을 준비하며, 그 행복을 사모하게 만든다. 즉 사랑과 기쁨 안에서 하나님, 사람, 천사들과 자유롭게, 자발적으로 연합하는 행복을 말한다. "이때 느끼는 사랑과 기쁨에 비하면, 이 세상에서 맛보는 남녀 간의 사랑은 그것이 최고의 것이라고 해도 그저 우유와 물의 맛처럼 밍밍할 뿐이다"(C. S. 루이스).

이것이 참 즐거움이 아니겠는가? 그렇다. 진정한 즐거움이 될 것이다. 그래서 하나님은 그 즐거움에 대비되는 지상의 섹스도 즐거운 것으로 만드셨다. 그러므로 당신은 섹스를 모독해서도, 경멸해서도 안 된다. 부부의 관계가 아무리 온전할지라도 결코 완전할 수 없다는 의미에서, 섹스에서 느낄 수 있는 달콤함은 우리에게 하나님을 보여주는 이정표와 같다. 사람들이 '로미오와 줄리엣'을 보고 "두 사람의 관계가 우리 관계보다 훨씬 멋진 것 같아"라고 말했다면, 그 사람들에게는 로미오와 줄리엣의 사랑이 이정표 역할을 한 셈이다. 이정표는 이정표가 가리키는 방향으로 가려는 사람들에게만 도움이 된다. 그 이정표 아래 텐트를 치고 살려 한다면, 당신은 아무 곳에도 도달하지 못하고 헤매게 될 뿐이다.

더 읽을 말씀

- 그릇된 섹스: 잠언 6:20-7:27, 고린도전서 6:9-20
- 성적 사랑의 기쁨: 아가 1-8장

복습과 적용

- 성경의 결혼관은 어떠한가? 하나님의 의도에서 본다면, 혼외정사에 결여되어 있는 것은 무엇인가?

- 섹스의 기본적인 목적은 무엇인가? '한 몸'이라는 표현이 시사하는 것은 무엇인가?

- 동성애 성향이 있다고 고백하는 사람에게 당신은 어떻게 말해 줄 것인가?

12장 도둑질하지 말라

"당신에게는 당신 자신과 당신의 아내, 다음으로 당신이 가진 세상 재물이 중요하다. 하나님은 각 사람의 재산이 보호받기 원하신다. 그래서 아무도 이웃의 재산을 강탈하거나 일부라도 손해를 끼치는 일이 없도록 하라고 명령하신다. 그러나 이런 행동은 지금 매우 흔히 벌어지는 죄악이 되고 말았다. 도둑질이란 금고나 주머니를 터는 행동만 가리키는 것이 아니다. 시장, 상점, 술집, 직장 등 사업을 하고 상품과 노동에 대해 대가를 지불하는 모든 곳에서 남을 속이는 일체의 행동이 도둑질이다."

루터는 공평성이란 원칙에 주안점을 두어 제8계명에 대해 위와 같이 설명했다. 이웃에 대한 사랑은 이웃을 거룩하게 여길 것(제6계명)을 요구할 뿐 아니라 이웃의 아내(제7계명), 이웃의 재산과 권리를 거룩하게 대할 것(제8계명)을 요구한다.

재산

제8계명의 이면에는 재산에 대한 성경의 관점이 나타나 있다. 그 관점에 따르면, 소유권이란 관리권이다. 인간의 법은 내 재산을 나의 소유로 여기기 때문에 원하는 대로 처분할 수 있다. 소유주가 정한 조건하에서만 사용할 수 있는 권한이 아닌 것이다. 그러나 성경을 믿는 자들은 (인간의 법이 말하는 바) 내가 소유한 돈, 물건, 법적 권리, 직함 등을 다만 관리자로서 가지고 있다는 점을 잘 안다. 관리자로서 내가 지닌 것들은 예수의 비유에 나오는 말을 빌리면 달란트이다. 이것들은 하나님을 위해 쓰라고 하나님이 내게 일시적으로 빌려주신 것이다. 내게 맡기신 이 달란트를 어떻게 관리했는지 나는 장차 하나님께 말씀드려야 한다.

 타락한 인간은 본능적으로 지금보다, 다른 사람들보다 더 많이 가지고 싶어한다. 따라서 재산을 훔치고 싶은 유혹, 다른 사람이 가진 권리를 빼앗으려는 유혹을 느낀다. 맹목적인 경쟁심은 그만큼의 맹목적 질투심을 유발한다. 바로 하나님을 배반한 마귀에게 있었던 오만함, 아벨을 죽인 가인에게 있었던 오만함(창 4:4-8), 에서의 장자권을 훔친 리브가와 야곱에게 있었던 오만함

(창 27장)의 본질이다.

또한 맹목적인 경쟁심은 제10계명에서 금지한 만족할 줄 모르는 탐욕의 본질이며, 이 탐욕은 다시 제8계명에서 금지한 도둑질의 원인이 된다. 옳지 않은 수단을 이용하여 남의 것을 소유하는 일은 하나님의 뜻이 아니다. 다른 사람의 재산을 대하는 올바른 태도는 그 사람의 소유권을 충분히 존중하고 철저히 배려하는 것이다.

여러 가지 도둑질

도둑질을 금하는 것은 명백하고 총괄적인 명령이다. 모든 법전에서는 하나같이 소유권을 보호했고, 도둑질을 금했으며, 성경에서 요구하는 것(민 5:7; 잠 6:30 이하 참조)과 같은 방식으로 손해배상을 요구했다. 이 점은 재고의 여지도 없다.

하지만 기다려라. 이 계명을 어떻게 적용할 것인가? 아마 생각한 것보다 훨씬 폭넓게 적용할 수 있을 것이다. 예를 든다면 시간의 도둑질이 있다. 이것은 오늘날 가장 흔히 벌어지는 양상이 아닐까? 고용된 사람들은 얼마의 보수를 받고 얼마의 시간 동안 일하기로 계약을 맺는다. 그러나 그만큼 일하지 않는다. 우리는 늦게 시작하고 일찍 끝내며, 커피를 마신다든지 점심식사나 휴식

시간을 길게 갖는다든지 해서 그 사이사이의 시간을 낭비한다. 이것은 도둑질이다.

장사꾼이 돈에 해당하는 만큼 물건을 주지 않는다면, 그것 또한 도둑질이다. 구약은 공정하지 않은 저울과 되를 저주한다(신 25:13-15; 암 8:5). 오늘날에 상품이나 용역 등 다른 사람이 필요로 하는 것에 지나친 가격을 매기는 일이 이에 해당한다. 부당 이득이나 폭리를 취하는 것은 도둑질이다.

빚을 지고 갚지 않아, 그 사람이 돈을 쓸 수 있는 기회를 빼앗는 것은 도둑질이다. 어떤 사람은 버릇처럼 빚을 갚지 않는데, 성경은 이런 태도를 책망한다. "피차 사랑의 빚 외에는 아무에게든지 아무 빚도 지지 말라"(롬 13:8)라고 바울은 말한다. 우리가 참으로 이웃을 사랑한다면, 지체하지 않고 그 빚을 갚을 것이다.

끝으로, 어떤 사람 뒤에서 악의적인 험담을 하여, 그 사람의 신용을 심하게 훼손하는 것도 평판을 훔치는 도둑질이다. "어떤 사람이 내 지갑을 훔쳤다면 그는 시시한 것을 훔친 것이다. 그러나 나의 평판에 흠집을 내었다면 그는 나를 지독히도 초라하게 만든 셈이다"라고 셰익스피어는 말했다. 그러므로 험담은 직접적으로 제9계명을 위반하는 것이며, 그 결과 제8계명까지 위반하게 되는 것이다.

"도둑질하지 말라"는 계명은 당신과 상관없는 계명이라고 생각했을지 모른다. 그러나 우리는 이제 생각을 고쳐먹을 필요가 있다. 바울은 "도둑질하는 자는 다시 도둑질하지 말라"(엡 4:28)고 썼다.

"멈춰라, 도둑아!" 하나님이 당신과 내게 하시는 말씀이 아닐까?

손해 배상

이제 정직해지자. 우리는 여러 가지 도둑질에 관하여 생각해보았다. 당신이 이런 도둑질을 해왔다는 사실이 놀랍지 않은가? 만일 그렇다면, 하나님은 이제 당신에게 회개(회개의 의미는 변화이다)하고, 훔친 것을 배상하라고 요구하신다. 착취하던 세리 삭개오는 회개하면서 자신이 부당하게 취한 돈을 모두 네 배로 갚겠다고 약속했다(눅 19:8, 삭개오는 출애굽기 22장 1절의 훔친 양 한 마리에 양 네 마리로 갚으라는 원칙을 따랐다). 벨파스트 부흥운동(1922-1923)으로 회심한 선착장 노동자들은 '훔쳐갔던' 연장과 물건들을 도로 가져다놓았다. 그 결과 그 물건들을 넣어둘 창고를 하나 더 지어야만 했다고 한다. 영적 실체를 드러내주는 사건이다. 우리에게는 이런 종류의 영적 실체가 얼마나 있는가?

더 읽을 말씀

- 가정에서의 도둑질과 사기: 창세기 27장, 29:15-30, 30:25-31:42

복습과 적용

- 왜 루터는 남을 속이는 것을 도둑질이라고 보았는가?
- 도둑질은 "아무에게든지 아무 빚도 지지 말라"는 훈계와 어떤 관련이 있는가?
- 한 사람의 평판은 그 사람의 지갑보다 더 중요하다는 말에 동의하는가? 그 이유는 무엇인가?

13장 거짓 증거하지 말라

내가 당신을 거짓말쟁이라고 부르면, 당신은 심한 모욕감을 느낄 것이다. 거짓말쟁이의 말은 믿을 수 없고, 거짓말쟁이란 도덕적으로 완전히 망가진 사람을 일컫는다고 생각하기 때문이다. 하나님도 이렇게 평가하신다. 우리는 제9계명과 성경의 여러 말씀으로 이 사실을 알 수 있다. 어떤 사람은 거짓말을 일종의 기술로 여기기도 하지만 성경은 거짓말을 혐오한다. 영국인들은 진실을 신성하게 여기고 거짓말을 부끄럽게 여긴다. 이 사실은 성경이 영국 문화에 건전한 영향을 주었음을 반증한다.

거짓 증거

"네 이웃에 대하여 거짓 증거하지 말라"는 계명은 출애굽기 20

장 16절과 신명기 5장 20절에 나온다. 출애굽기에서 '거짓'이라는 단어는 "진실이 아님"을 의미하고, 신명기에서는 "신실하지 않음"을 의미한다. 영어 성경 NEB는 "거짓 증거하다"를 "give false evidence"로 썼는데(KJV, RSV는 "bear false witness"로 썼다-옮긴이), 이것은 제9계명이 일차적으로 법정과 관련 있음을 강조하는 것이다. 법정에서는 증인이 "오직 진실만을 말하며, 진실 외에는 말하지 않을" 때에만 공정한 재판이 이루어질 수 있다. 증인 선서를 통해 우리는 과장이나 절반의 진실, 본뜻을 오도하는 침묵이 결과적으로 거짓이 될 수 있다는 점을 상기하게 된다. 그러나 신성한 진실을 고수해야 하는 원칙은 법정에서만 요구되는 것이 아니다. 우리의 삶에도 그대로 적용되어야 한다.

왜 거짓말을 하는가?

사람들은 왜 서로에게 거짓말할까? 사탄(요한복음 8:44에서 예수께서는 사탄을 "거짓말쟁이요 거짓의 아비"라고 말씀하셨다)은 왜 에덴동산에서 하와에게 거짓말했을까? 부분적으로는 악의 때문에, 부분적으로는 교만 때문이다. 어떤 사람을 속이려고 거짓말한다면, 그것은 악의 때문에 하는 거짓말이다. 어떤 사람의 마음을 움직여서 이용하기 위해, 또 자신을 좋게 보이기 위해 거짓말한다면,

그것은 교만 때문에 하는 거짓말이다. 사탄은 하나님과 하나님의 사람들을 미워하고, 하나님에 대한 반란을 확장하기 위해 거짓말했고 또 거짓말한다. 사람들은 자신의 실체가 드러나는 것을 막기 위해, 그리고 예상되는 자기 이익을 확보하기 위해 거짓말한다. 자존심에 상처를 입은 유대인들은 법정에서 예수께, 또 스데반에게 불리한 거짓 증언을 쏟아냈다(마 26:59; 행 6:13). 두려움, 경멸, 복수심, 과장된 자부심, 기만, 좋은 이야기로 돋보이고 싶어하는 기대 등도 거짓말하게 만드는 동기이다.

실로 어떤 형태의 거짓말이든('하얀 거짓말'이라고 해도 우리가 이해하는 만큼 하얀 경우는 거의 없기 때문에) 거짓말은 인간이 보편적으로 저지르는 행위이자 우리의 본성이 타락했다는 증거다.

하나님과 거짓말

거짓말은 당신이 속이려고 하는 이웃을 모욕할 뿐 아니라, 당신이 속일 수 없는 하나님까지 모욕한다. "거짓이 없으시고"(딛 1:2; 민 23:19; 삼상 15:29), 우리에게서 자신의 도덕적 형상을 보고 싶어하시는 하나님, 진실을 말하고 약속을 지키시는 하나님은 당연히 "거짓된 혀와… 거짓을 말하는 망령된 증인을" 미워하신다(잠 6:16-19). 거짓을 말하는 것은 하나님의 형상이 아니라 사탄의 형상이다. 따라서 "거짓말을 좋아하며 지어내는 자"는 하나님의 도성에 들어가지 못한다(계 22:15, 21:27 참조)는 말씀을 의심해서는 안 된다. 진실이 없는 곳에는 경건함도 없다. 주님, 자비를 베푸소서!

진실과 사랑

사람이 진실해지려고 하면 새로운 문제가 생긴다. 진실을 말하는 것이 명백하게 옳지 못한 경우가 있기 때문이다. 나쁜 소식을 받아들이기에는 몸도 마음도 너무나 연약한 사람이 있다. 그런가 하면 전시의 적군에게는 바른 정보를 주지 말아야 한다. 라합처럼 적에게 피하는 사람을 숨겨줄 경우도 있다(수 2장). 사람을 해치는 일에 악용하려는 사람에게는 진실을 말해주어서도 안 된다. 공공의 이익을 위한 정책을 추진하는 과정에서 비밀이 유지되어야 좋은 결과를 기대할 수 있다면 미리 진실을 말하지 않는 것이 옳다. 이런 경우에 진실을 숨겨야 한다는 데 이의를 제기할 사람은 없다. 그러나 이것이 제9계명에 위배되는 것은 아닐까?

절대로 그렇지 않다. 제9계명이 금지한 것은 이웃에 대해 거짓 말하는 것이다. 앞서 말한 것처럼 자신을 높이기 위해 이웃을 희생시키고 속이는 거짓말, 교만함이 가득한 거짓말을 금지한 것이다. "하지 말라"에 함축된 긍정적(적극적)인 의미의 명령은 이웃의 유익을 구하고, 그 목적을 위해 이웃에게 진실을 말해야 한다고 강조한다. 이웃의 유익을 구하는 사랑 때문에, 이웃에게 해를 끼치게 될 진실을 말하지 않는다면 제9계명의 참뜻을 지키는 것이다. 우리가 언급한 것이 이런 예외적인 경우라 할지라도, 그 행동에는 부분적이나마 나쁜 측면이 있다. 그러나 라합의 경우처럼 (수 2:4-5, 라합의 말을 주목해보라) 노골적으로 거짓말하는 것이 실제로 최선이자 최소한의 악을 초래하는 것이며, 관련된 모든 사람에게 가장 진실한 사랑을 나타내는 길일 경우가 있다.

그러나 사랑과 충성에서 비롯되었다고 하더라도 거짓말은 악한 것이다. 거짓말하는 것이 나쁘지만 거짓말하지 않았으면 더 나빴으리라고 말하는 것도 악한 일이다. (그런 거짓말이 나쁘지 않다고 주장한다면, 목적이 수단을 정당화한다고 주장한 현대의 상황론자들이나 예전의 예수회와 같아지는 것이다.) 이웃을 '위해'(for) 거짓 증거하는 것은 이웃에 '대항해'(against) 거짓 증거하는 것만큼 나쁘지 않을지 모른다. 그러나 아무리 필요한 것처럼 보여도 그것은 좋은 것이 아니다. 나쁜 일이다. 마음이 올바른 사람은 이 사실을 안다. 그런 사람은 거짓말이 정당했더라도 더럽혀졌다고 느끼고, 그리스도의 피로 깨끗이 씻기를 구할 것이다. 그리고 죄

사함을 통해 우리의 거룩한 하나님과 함께 사는 길을 따라 살아갈 것이다.

다시 이렇게 기도하자. "주님, 자비를 베푸소서! 죄를 선택할 수밖에 없는 이 특별한 시험에 빠지지 않게 하시고 악에서 구하소서."

더 읽을 말씀

- 거짓 증거: 열왕기상 21:1-24, 사도행전 6:8-15, 마태복음 26:57-75

복습과 적용

- 왜 진실은 법정에서만이 아니라 삶 전체에서 중요한가?
- 왜 사탄은 하와에게 거짓말했는가? 당신도 같은 동기에서 진실을 왜곡하지 않았는가?
- 왜 진실이 없는 곳에 경건이 있을 수 없을까?

14장 네 이웃의 소유를 탐내지 말라

제10계명 "탐내지 말라"에서, 하나님의 탐조등은 우리의 행동으로부터 태도와 동기를, 금지된 행실로부터 금지된 욕망까지 샅샅이 살피신다. '탐내다'라는 단어는 부당하고 정직하지 못하게 이득을 구하려는 생각을 나타낸다. 탐내는 것은 시샘하는 것과 비슷하다. 열왕기상 21장에서 아합 왕이 나봇의 포도원을 빼앗고 싶어했던 것처럼, 당신은 다른 사람의 소유물을 보고 그것을 빼앗고 싶어한다. 바울은 골로새서 3장 5절에서 탐심을 우상숭배라고 했다. 탐심의 대상이 탐내는 사람의 인생을 지배하는 신(神)이 되기 때문이다.

탐욕은 모든 사회악의 뿌리이다. 도가 지나친 욕심이 나쁜 행실을 낳는다. 다윗은 밧세바를 취했고(도둑질한 것이며, 이것은 제8

계명을 어긴 것이다), 밧세바를 임신시켰고(따라서 제7계명을 어겼고), 이 추한 사실을 감추기 위해 밧세바의 남편 우리아를 죽게 했다(따라서 제6계명을 어겼다). 이 모든 일은 다윗이 제10계명을 어기고 그 이웃의 아내를 탐한 데서 비롯되었다(사무엘하 11장을 보라).

비슷하게도, 아합 왕은 이웃 나봇의 포도원을 탐내어 거짓 증언으로 나봇을 모함했고(제9계명을 어겼고), 거짓 재판으로 나봇을 죽였고(제6계명을 어겼고), 나봇의 포도원을 몰수하여 법적으로 도둑질했다(제8계명을 어겼다).

아간(여호수아 7:21을 주목하여 보라)과 가롯 유다도 탐욕으로 인해 죄를 지은 경우이다. 유다는 먼저 제8계명을 깨고(요 12:6), 이어 존경을 나타내는 거짓 행동을 신호로 예수를 배반하고 죽음에 이르게 하여 제6계명과 제9계명을 동시에 어겼다(마 26:14-16, 27:3-5 참조).

바울은 "돈을 사랑함이 일만 악의 뿌리가 되나니 이것을 탐내는 자들은 미혹을 받아 믿음에서 떠나 많은 근심으로써 자기를 찔렀도다"(딤전 6:10)라고 했는데, 자신이 직접 알던 사람들뿐만 아니라 아간이나 가롯 유다를 마음에 두고 말했던 것 같다.

'만족하라'고 요구하심

"무릇 네 이웃의 소유를 탐내지 말라"라는 계명을 긍정문으로 표현하면, 자기 운명에 만족하라는 것이다. 제10계명에서 요구하는 만족은 제5계명부터 제9계명까지 모든 계명을 어기게 하는 유혹에서 우리를 지켜주는 최고의 안전장치이다. 욕망으로 가득 차서 만족할 줄 모르는 사람은 다른 사람을 자기 탐욕을 채우기 위해 이용할 도구로 여긴다. 하지만 "자족(만족)하는 마음이 있으면 경건은 큰 이익이" 된다(딤전 6:6).

성경은 만족을 영적 비밀이라고 말한다. 즉, 만족은 행복의 또 다른 이름이며, 행복은 관계의 열매다. 찬송시 작가 톱레디는 이것을 이렇게 훌륭하게 묘사했다. "행복, 너 사랑스러운 이름아, 어디 있느뇨?"

내가 제일 원하는 대상,

나 위해 십자가에 달리신 예수!

누구나 행복을 동경하지만,

주님 안에서만 찾을 수 있네.

주님을 기뻐하고 주님을 아는 것이

하늘 아래 우리의 큰 행복일세.

주님을 보고 주님을 사랑함이

하늘 위 우리의 큰 행복일세.

나를 향한 주님 사랑 느낄 때,

만물은 기쁨으로 충만하네.

여기, 나 주님과 동행하다

죽어 주님 앞에 가기 바라네!

나 오직 주님만 소유하려네,

모든 행복의 근원이신 그분!

최상의 행복이 내게 오네.

하늘 아래 내게, 하늘 위 내게.

그리스도의 사랑을 아는 것이 진정한 만족을 누릴 수 있는 유일한 근원이다.

그런데 예수께서 만족함에 치명적인 적이 '염려'라고 진단하셨다(마 6:25-34). 그러나 예수께서는 하나님의 자녀(모든 그리스도인)는 전혀 염려할 필요가 없다고 말씀하셨다. 왜 그런가? 염려한다고 해서 아무것도 개선되지 않기 때문이다(27절). 더 중요한 이유는 우리에게 필요한 것들을 "하늘 아버지께서… 아시기"(32

절) 때문이며, "먼저 그[하나님]의 나라와 그의 의를 구하라 그리하면 이 모든 것을…더하시리라"(33절)는 약속을 믿기 때문이다. 이것을 깨닫지 못하여 만족하지 못하는 것은 "믿음이 작은"(30절) 것이다. 우리는 우리의 완벽한 아버지 되신 하나님이 그날그날의 필요를 아시고 우리를 돌보신다는 것을 온전히 믿을 수 있다. 따라서 계획을 세우되 염려하는 것은 죄라는 사실을 깨닫고, "무슨 일을 만나든 하나님을 찬양하는" 태도로 현실을 대하는 것이 만족한 삶을 사는 두 번째 비밀이다.

이것이 전부는 아니다. 만족한 사람이었던 바울을 보라. 바울은 감옥에서 이렇게 썼다. "내가 궁핍하므로 말하는 것이 아니니라 어떠한 형편에든지 나는 자족하기를 배웠노니 나는 비천에 처할 줄도 알고 풍부에 처할 줄도 알아 모든 일 곧 배부름과 배고픔과 풍부와 궁핍에도 처할 줄 아는 일체의 비결을 배웠노라 내게 능력 주시는 자 안에서 내가 모든 것[내가 부름 받은 모든 일]을 할 수 있느니라"(빌 4:11-13).

바울이 여기에서 넌지시 공개하는 비밀은 히브리서 13장 5-6절에 자세히 설명되어 있다. "돈을 사랑하지 말고 있는 바를 족한 줄로 알라 그가 친히 말씀하시기를 내가 결코 너희를 버리지 아니하고 너희를 떠나지 아니하리라 하셨느니라 그러므로 우리가 담대히 말하되 주는 나를 돕는 이시니 내가 무서워하지 아니하겠노라 사람이 내게 어찌하리요 하노라."

사람을 어떤 형편에 처하게도 하시고, 그 형편에 대처할 힘도 주시는 하나님, 우리를 사랑하시는 하나님이 약속하신 대로 우리와 함께하신다는 사실을 깨닫는 것, 이 깨달음이 만족의 마지막 비밀이다.

욕망의 방향을 정해줌

우리는 모두 욕망을 가진 피조물이다. 하나님은 우리를 그렇게 만드셨다. 금욕을 지향하는 스토아 철학이나 불교와 같은 종교는 사실 그 취지에서부터 인간성에 역행한다. 우리는 우리의 일그러진 욕망의 방향을 틀어서, 다른 사람의 물건을 탐내는 대신, 다른 사람의 유익과 하나님의 영광을 열망해야 한다. 토마스 차머스(Thomas Chalmers)는 이러한 변화를 "사랑을 깨닫는 데서 나타나는 이타적인 능력"이라고 표현했다. 구주의 사랑을 알면, 탐욕이 가득하고 자신만 섬기는 삶의 방식에서 벗어나 하나님을 맨 앞에, 다른 사람을 그 뒤에, 자신의 만족을 맨 뒤에 두는 삶을 살게 된다는 것이다. 우리는 삶의 방식을 변화시키는 신성한 능력에 대해 얼마나 알고 있는가? 탐욕을 해독시킬 해독제가 여기에 있다.

더 읽을 말씀

- 불만족에서 만족으로: 시편 73장
- 감옥에서의 만족: 빌립보서 4:4-20

복습과 적용

- 제10계명에서 요구하는 만족은 제5계명부터 제9계명까지 모든 계명을 어기게 만드는 유혹에서 어떻게 우리를 안전하게 지켜 주는가?

- 금욕을 지향하는 철학은 오도된 것이라는 데 동의하는가? 동의하는 이유, 또는 동의하지 않는 이유는 무엇인가?

- 토마스 차머스가 "사랑을 깨닫는 데서 나타나는 이타적인 능력"이라고 한 말의 의미는 무엇인가?

15장 율법이 주는 교훈

하나님은 우리에게 십계명을 주시고 무엇을 가르치려 하시는가? 현대인이 십계명에서 배울 것은 아무것도 없다고 말하는 사람도 있으나 그렇지 않다. 십계명은 3천 년도 더 된 고대의 율법이다. 그러나 하나님이 지시하신 이 율법에는 2천 년 전의 복음처럼 하나님의 마음과 뜻이 분명히 드러나 있다. 십계명은 세 가지 이유 때문에 우리에게 상당한 의미가 있다.

첫째, 십계명은 하나님이 원하시는 우리의 모습을 보여준다. 하나님이 어떤 행동을 미워하시는지 말씀하는 금지조항에서, 우리는 하나님이 보고 싶어하고 원하시는 행동이 무엇인지 배운다. 율법의 하나님은 무엇에 대해 "No!"라고 말씀하시는가? 하나님께 신실하지 않은 것과 하나님을 경외하지 않는 것, 이웃을 모욕하고 이웃에게 피해를 주는 것이다. 그러면 우리의 이웃은 누구인가? 예수께서는 이 질문에 참으로 적절하게 답하셨다. 우리가 만나는 모든 사람이 우리의 이웃이다. 하나님은 우리가 어떤 사람이 되기 원하시는가? 이런 악한 죄들을 짓지 않는 사람, 우리와 이웃을 만드신 하나님을 일상생활에서 실제로 사랑하는 사람, 하나님의 영원한 아들이자 완전한 인간이셨던 예수와 같은 사람이 되기를 원하신다. 너무 거창한 명령인가? 그렇다. 하지만 우리의 거룩한 창조주께서 우리에게 자신의 도덕적 영광을 반사하라고 요구하시는 것 때문에 놀라서는 안 된다. 그렇게 하는 것 외에 우리가 무엇으로 하나님을 기쁘시게 할 수 있겠는가?

율법의 세 가지 기능

종교개혁가들은 하나님과 하나님의 율법을 분리하지 않았다. 그들은 하나님의 율법을, 하나님이 성경과 양심을 통해 세상에 끊임없이 펴내시는 말씀이라고 생각했다. 그리고 율법을 통해 하나님이 인간의 삶 가운데 계속 역사하신다고 생각했다. 종교개혁가들은 이런 시각을 상세히 설명하면서 하나님의 율법은 세 가지 기능을 가지고 있음을 지적했다.

첫째, 사회의 질서를 유지한다(시민법의 기능). 둘째, 우리에게 죄를 확인시켜서 그리스도께 달려가 생명을 구하게 한다(몽학선생의 기능). 셋째, 율법의 기준과 제재를 통해 하나님의 본성을 드러내어 하나님께 더욱 순종하도록 우리를 격려한다(생활의 준칙 기능).

이것이 율법의 세 가지 기능이다. 방금 전까지 우리는 율법의 이 세 번째 기능을 얘기했다.

인간 본성의 법

둘째, 십계명은 우리에게 정말 자연스러운 삶의 방식이 어떤 것인지 보여준다. 신학자들은 십계명을 가리켜 '자연스러운' 법(자연법), 즉 인간 본성의 법을 선포한 것이라고 이해했다. 이 말의 뜻은 이렇다. 십계명은 모든 인간의 양심에 (충분히) 새겨진 '율법'(롬 2:12-15)과 일치할 뿐 아니라 인간의 본성을 충족시키는 유일한 행동 양식이다. 그러므로 십계명을 모른다고 해도 십계명을 피하는 일은 불가능하다. 만일 사람들이 "하나님을 맨 앞에, 다른 사람을 그 뒤에, 자신을 맨 뒤에"(God first, others second, self last)라는 원칙을, 온갖 불이익과 고통을 가져오는 원칙으로 생각하고 피한다면, 그 행동은 그들이 자신에 대해 아무것도 이해하지 못하고 있다는 점을 보여준다. 사실 십계명은 누구에게나 참된 내적 자유와 만족을 가져다주는 유일한 처방이다. 우리는 그리스도 우리 주께서 그 제자들을 십계명 가운데로 확고히 인도하심을 알고 기뻐해야 한다.

사람들은 하나님의 율법이 모든 인간에게 해당되는 것인지, 하나님을 믿는 자들에게만 해당되는 것인지 묻는데 모든 인간에게 해당된다는 것이 정답이다. 그 이유는 첫째, 하나님이 모든 인간을 만드셨기 때문이다.

둘째, 율법을 지키지 않고는, 우리가 행복과 만족을 맛볼 수 없도록 지어졌기 때문이다. 왜 그런지 그 이유를 속속들이 살펴보자(이런 경우에는 감추는 것이 미덕이 아니다). '만족'이란 그것을 맛본 사람들만이 아는 것이다. 맛보지 못한 사람은 불만을 느끼는 게 보통이다. 사탄은 하와에게, 그리고 우리에게 무제한적인 방종이 없다면 만족함이 있을 수 없다고 설득하여 유혹하는 데 성공했다. 그러나 무제한의 방종 뒤에는 만족이 없었다. 예수께서는 비유를 들어, 영생에 들어가기 위해 자신의 손과 발과 눈을 찍어버리는 것(막 9:43-48), 또 하나님의 나라를 위해 스스로 고자가 되는 것에 대해(마 19:12) 말씀하셨다. 그리고 따르는 사람들에게 자신을 부정하라고 요구하셨다. 다시 말해, "Yes"라고 말하는 것이 지극히 당연할 것 같은 것에, "No"라고 하시는 주님의 말씀을 기꺼이 따르라고 하셨다. 이렇게 하면 만족을 얻을 수 있을까? 그렇다. 하나님은 자기를 부인하는 자를 하나님께 접붙여 그분 자신으로 충만히 채워주신다. 이것은 곧 그 사람 안에 생명, 빛, 기쁨이 넘치게 됨을 뜻한다. 그리스도인은 몸서리쳐질 만큼 차가운 기운이 느껴지는 물에 첨벙 뛰어드는 사람들이다. 그러나 그들은 다음 순간, 사실은 그 물이 따스하다는 것을 깨닫는다. 그렇지만 세상은 아직까지 희망적인 환상을 알아보지 못한 채 의심하며 그대로 있다.

너 자신을 알라

셋째, 십계명은 하나님의 눈에 우리가 어떤 종류의 사람인지 보여준다. 우리는 율법을 어겨 사형선고를 받은 사람이다. 오직 소망은 우리의 죄를 사해주시는 하나님의 은혜에 달려 있다. 하나님의 율법에 따라 우리의 삶을 평가하면, 스스로 의롭다 하거나 만족하는 것은 불가능하며, 우리는 곧 절망에 빠지고 만다. 종교개혁가들은 이를 일컬어 율법의 두 번째 기능(몽학선생의 기능)이라고 했다. 로마서 7장 7-20절에서, 바울은 자신의 경험에 비추어 율법이 어떻게 작용하는지 말한다. 율법은 우리의 동기와 욕망(바울은 탐심을 예로 들었다)을 정확히 비춰주며, 우리 안에 율법을 거스르는 힘이 있다는 것을 깨닫게 해준다. 본능적인 충동이라고 할 만한 이 힘은, 금지된 동기와 욕망을 끊임없이 자극하여, "내 지체 속에 있는 죄의 법으로 나를 사로잡는다"(롬 7:23). 그러므로 율법은 우리가 영적으로 병들었고 길을 잃었다는 것을 드러냄으로써 우리가 복음의 치료에 감사할 수 있게 해준다.

우리 사랑하고, 노래하고, 찬사를 보내자.
우리 구주의 이름을 찬양하자!
주님이 율법의 그 큰 천둥소리를 잠재우셨도다.
주님이 시내산의 화염을 가라앉히셨도다.
주님이 자기 피로 우리를 씻기셨도다.
주님이 우리의 영혼을 하나님께 드리시도다!

할렐루야!

더 읽을 말씀

- 율법이 죄를 드러내는 방법: 로마서 3:9-20, 7:7-25
- 율법이 성도를 격려하는 방법: 시편 119편

복습과 적용

- 십계명이 영구적으로 타당하다는 것을 어떻게 설명하겠는가?
- 십계명은 '우리 본성의 법'을 선포한 것이라는 말은 어떤 의미인가?
- 십계명은 당신에 대해 어떻게 말해주는가? 그것에 어떻게 반응했는가? 이후 어떻게 반응할 작정인가?

16장 십계명의 사회적 기능

우리는 지금까지 십계명을 하나님이 개인(당신)에게 주신 것으로 여겨왔다. 각 사람을 집단과 분리하셔서 각 사람의 정체성이 집단에 파묻히지 않게 하시고, 하나님의 명령에 우리 각자 책임 있게 반응할 것을 요구하신다고 본 것이다. 십계명에 대한 이런 시각은 올바르다. 그러나 그것이 진리의 전부는 아니다. 출애굽기 20장과 신명기 5장에서 하나님이 말씀하신 '너'("나는 너를… 인도하여낸 네 하나님 여호와니라")는 하나님이 구원하신 민족 단위인 이스라엘을 말하기 때문이다. 그리고 그때 하나님이 가르치신 명령은 각 이스라엘인을 향한 하나님의 뜻인 동시에, 이스라엘 공동체를 향한 하나님의 뜻이기도 했다.

십계명은 우리와 또 모든 인류에게 진리이다. 하나님은 우리를 사회, 곧 가족, 교회, 정치조직, 경제, 문화 공동체 가운데 살도록 하셨다. 따라서 십계명은 개인에 대한 하나님의 뜻뿐 아니라 하나님의 사회적 이상(理想)도 보여준다. 실제로 사회에 선한 질서를 구축하는 것은, 앞서 종교개혁가들이 말한 율법의 세 가지 기능 가운데 첫 번째 기능에 해당한다.

안정의 길

하나님의 사회적 이상이란 무엇인가? 전반적으로 하나님을 섬기는 공동체(제1, 2, 3계명), 일과 휴식의 리듬이 있는 공동체(제4계명), 아울러 결혼생활과 가정생활을 무한히 존중하는 공동체(제5, 7계명), 재산과 소유권(제8, 10계명), 인간의 생명과 기본권(제6계명), 모든 관계에서 진실과 정직(제9계명)을 무한히 존중하는 공동체, 한마디로 하나님을 경외하는 공동체가 하나님의 사회적 이상이다.

공동체에 대한 하나님의 관심이 개인을 향한 관심보다 결코 적다고 생각해서는 안 된다. 하나님 안에서는 이 두 관심이 유기적으로 하나이기 때문이다. 이러한 사실은, 구약에서 (이스라엘의 소망이었던) 하나님의 약속을 반복하여 요약해주는 한 단어에서 명확히 드러난다. 그 소중한 단어는 '샬롬'이다. '평화' 또는 '평안'

이라고 번역되는 '샬롬'은 전쟁과 분쟁, 죄와 불신앙이 없는 상태만을 의미하는 것이 아니라 하나님의 은혜로운 손길로 정의, 번영, 건전한 친교, 건강, 전반적인 사회복지가 실현되는 상태를 의미한다.

현대 그리스도인들은 개인주의가 판치는 문화에 익숙할 뿐만 아니라 개인의 선택 영역을 무한정 넓히는 것이 그 사회의 이상이라고 주장하는 인본주의자의 외침에 파묻혀 있기 때문에, '공동체 안의 개인'에 대한 하나님의 관심과 '개인으로 이루어진 공동체'에 대한 하나님의 관심이 서로 결합되어 있다는 점을 제대로 이해하지 못한다. 그러나 그것은 우리의 문제일 뿐, 다른 세대들은 이 사실을 쉽게 이해할 수 있었다. 그 사실은 성경에 명확히 드러나 있다.

따라서 하나님의 십계명은 사회의 접합제이다. 이런 십계명의 가치를 인정하는 곳에서 (과거 우리의 공동체처럼) 공동체는 서로 일치단결한다. 심지어 이 타락한 세상에서도 그렇게 될 수 있다. 그러나 상대적으로 이런 가치가 부정되는 곳에서 그 사회 공동체는 흩어지고 만다. 우리는 이것을 부정과 혁명으로 점철된 이스라엘 북왕국으로부터(열왕기상 12장부터 열왕기하 17장에 있는 슬픈 내용과 아모스와 호세아의 예언을 살펴보라), 그리고 오늘날 세상을 황폐화하고 있는 혁명과 반혁명으로부터 배울 수 있다.

세속국가

최근까지 대부분의 서구 국가는 스스로 중세의 기독교 국가와 연속선상에 있다고 생각했다. 다시 말해 적어도 그들의 의지만큼은 성경에 의해 통제되고, 성경을 구현하는 삶을 이상으로 삼고, 그 이상에 헌신하는 사회적·정치적 실체를 추구한다고 생각했다는 말이다. 그러나 지금 이러한 이상은 세속국가의 이상으로 대체되고 있다. 이 세속국가의 이상은 국민 개인의 자유를 최대화한다는 생각 외에는 어떤 종교나 이념도 공식적으로 소유하지 않는 공동체를 가리킨다. 국민 개개인의 관심이 종교적인 것이든 그렇지 않든 상관하지 않으며, 오직 자유를 극대화한다는 점만 추구한다.

이러한 변화는 점진적으로 일어난 것이어서, 이 변화가 일으킨 문제가 어느 정도인지 확연히 드러나지 않고 있다. 그러나 이 문제들을 명확하게 밝히는 것은 중요하다. 기독교 문명은 개인의 건강, 복지, 존엄성과 공정한 행정에 관심을 기울인다. 아울러 여성을 존중하고 어린이의 요구를 수용하는 가정생활도 중시한다. 이런 기독교 문명은 두말할 나위 없이 기독교의 산물이다. 그러나 오늘날 서구 사회에서는 이러한 관심이 급속히 세속화되고 있다. 즉, 이런 관심의 역사적 근원인 기독교 신앙에서 분리되고 있으며 그 신앙을 더 이상 공동체 생활을 가능하게 해주는 근거로 생각하지 않게 되었다는 말이다. 나아가 세속사회를 하나님 나라의 현대적 형태로 간주하는 견해마저 용인한다. 그러나 하나님의 보편적인 은혜로 인해 타락한 개인 사이에서도 선한 도덕적 통찰력이 제법 나타난다고 하더라도, 집단적으로 기독교 신앙을 저버린 사회에서는 기독교의 기준이나 가치가 존속될 수 없다.

심판

왜 그런가? 신앙의 절대성을 부인하면 도덕의 절대성도 확보되지 않기 때문이며, 도덕의 타락과 그 타락이 초래한 고통은 신앙을 저버린 행위에 따르는 하나님의 심판의 일부이기 때문이다. 바울은 "그들이 마음에 하나님 두기를 싫어하매 하나님께서 그들을 그 상실한 마음대로 내버려두사 합당하지 못한 일을 하게 하셨으니"라고 말한 뒤, 마치 오늘 아침 신문을 요약한 듯한 끔찍한 일들을 열거했다(롬 1:28-31). 우리가 대단히 치켜세운 '죄에 대한 관용'이 실제로는 하나님의 저주를 불러왔다. 예레미야 시대가 율법 없는 상태를 좋아하여 하나님의 저주를 초래한 것과 마찬가지이다. 생각이 깊은 사람이라면 앞날을 생각하고 두려움으로 몸을 떨지 않겠는가?

그렇다면 우리는 현대 세속사회를 향해 무엇을 말해야 하는가? 이 세속사회의 출현을 진보의 표시로 이해해야 하는가? 이 세속사회의 출현을 퇴폐의 징후 정도가 아닌, 그 끝이 보이지 않는 함정, 위험한 비탈길을 미끄러져 내려가는 초기 단계로 보아야 하지 않을까? 하나님의 가치가 무시되고, 방종(죄에 대한 관용)이 공동체의 유일한 이상이 된 상태, 즉 기독교의 유산이 모두 소멸된 상태에서 도대체 어디에서 도덕적 자산이 확보된다는 말인가? 줏대 없이 실용적인 것만 좇는 국가 정책에서 무엇을 기대할 수 있겠는가? 그것이 과연 물질적 이기심을 초월할 수 있겠는가? 각 집단의 팽배한 이기심이 통제되지 못하고 난무하는데, 어떻게 내적 붕괴를 피할 수 있겠는가? 계시된 행복의 길인 십계명, 즉 "하나님을 맨 앞에, 다른 사람을 그 뒤에, 자신을 맨 뒤에"라는 원칙을 수용하지 못할 때, 행복은 파괴된다. 이것을 어떻게 피할 수 있겠는가?

전망은 어둡다. 너무 늦기 전에 사회를 밝혀주는 십계명의 지혜로 십계명을 주신 하나님께, 우리를 다시 인도해주시기를 기원한다.

더 읽을 말씀

- 죄에 대해 관용하는 사회의 역학구조: 로마서 1:18-32
- 배교(背敎)한 사회에 대한 분석: 이사야 1, 3, 5장

복습과 적용

- 개인은 물론 사회도 십계명을 지켜야 할 대상이라는 데에 동의하는가? 동의하는 이유, 혹은 동의하지 않는 이유는 무엇인가?
- 십계명에 대한 사회적 태도는 그 사회의 미래에 영향을 미치는가? 그렇다면 어떤 식으로 미치는가?
- 세속사회에서 십계명을 대체한 것은 무엇인가? 그것은 어떤 결과를 가져오는가?

제임스 패커의 기독교 기본 진리
십계명

초판 1쇄 인쇄 2012년 9월 24일
초판 11쇄 발행 2023년 9월 12일

지은이 | 제임스 패커
옮긴이 | 김진웅
펴낸이 | 정선숙
펴낸곳 | 협동조합 아바서원

등록 | 제 110-91-30401(2005년 2월 21일)
주소 | 경기도 고양시 덕양구 삼원로 51 원흥줌하이필드 606호
전화 | 02-388-7944 **팩스** | 02-389-7944
이메일 | abbabooks@hanmail.net

ISBN 978-89-969503-4-9
　　　978-89-969503-0-1(세트)

잘못 만들어진 책은 구입한 곳에서 교환해 드립니다.